活用別で身につく

80パターンで

韓国語が止まらない!

阪堂千津子　キム・スノク

高橋書店

はじめに

韓国文化が世界に広がり、日本でも韓国語を見たり聞いたりしない日はありません。韓国語を学びたいという人も増えてきました。

韓国語は日本語と似ているところも多く、日本人が学びやすい言語と言われています。ところが、とっつきやすさから勉強してみたものの、いざ話そうとするとなかなか言葉が出てこないことも多いようです。それはなぜでしょう。

その理由の一つに、話を切り出す言葉が思い浮かばないというものがあるようです。逆に言えば、言いたい表現を頭に浮かべることができれば、あとは単語を置きかえる練習をするだけでいいのです。

「もしかして、○○ではないですか」

「私たち、○○しましょうか」

「まだ、○○していません」

この○○に、言いたい単語をいれれば、日常的な行動から特別なことまで、自由に言うことができます。ゲームのようにリズムに乗せて、口に出して唱えてみてください。

型で覚えると、会話力がアップする

本書では、韓国で日常的によく使われる表現のセットを**「型（パターン）」**と呼んでいます。

そしてこの**80の型(パターン)を、単語をあてはめるときのルールごとに、4つのグループ**にわけました。

韓国語は日本語と同じく、文末の表現がいちばん大切です。いったん話し始めたら、最後まで言わなければ大事なことが伝えられません。

そのため、**単語や文法をバラバラに覚えるのではなく、かたまりの「型(パターン)」として学習するのが効果的**です。

単語をいれかえるための練習問題もたくさん用意しました。この本での学習を進めていくうちに、韓国語の言い方が自然と身についてきます。

80パターンのこだわり

たとえば、「何、食べましたか」と「何を食べましたか」。文法的には「を」が入ったほうが正しいですが、会話では助詞はしばしば省略されます。本書では、なるべく助詞を省いてシンプルにしました。

助詞の使い方であれこれ迷うよりも、まずはとにかく型(パターン)を覚えましょう。

本書がみなさんの学習と、韓国語を使ったコミュニケーションの一助となることをお祈りしています。

著者一同

本書の使い方

本書は「型」の使い方をインプットしたあと、その型を定着させる穴うめ問題でアウトプットできる構成です。

活用グループ

本書では、80の型を活用の仕方によって4つのグループにわけています。

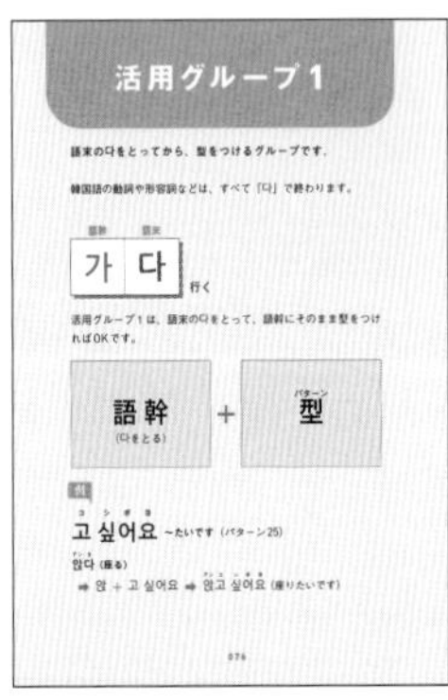

活用グループ1

語末の다をとってから、型をつけるグループです。

韓国語の動詞や形容詞などは、すべて「다」で終わります。

가 다 行く

活用グループ1は、語末の다をとって、語幹にそのまま型をつければOKです。

語幹 (다をとる) ＋ 型

例

고 싶어요 ~たいです (パターン25)

앉다 (座る)

➡ 앉 ＋ 고 싶어요 ➡ 앉고 싶어요 (座りたいです)

076

型を使うために最低限必要な活用のルールをまとめています。わからなくなったらここに戻って確認しましょう

80パターン

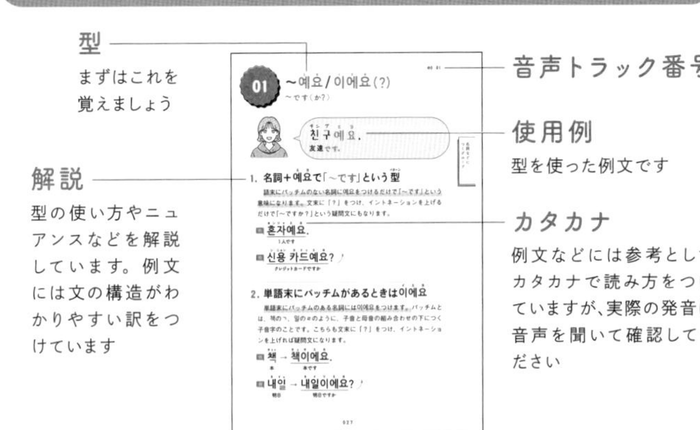

01 ~예요/이에요(?)

~です(か?)

친구예요.

友達です。

1. 名詞+예요で「~です」という型

語末にパッチムのない名詞に예요をつけるだけで「~です」という意味になります。文末に「?」をつけ、イントネーションを上げるだけで「~ですか?」という疑問文にもなります。

例 혼자예요. 1人です

例 신용 카드예요? クレジットカードですか

2. 単語末にパッチムがあるときは이에요

単語末にパッチムのある名詞には이에요をつけます。パッチムとは、책の ㄱ、일の ㄹ のように、子音と母音の組み合わせの下につく子音字のことです。こちらも文末に「?」をつけ、イントネーションを上げれば疑問文になります。

例 책 → 책이에요. 本 本です

例 내일 → 내일이에요? 明日 明日ですか

027

EXERCISE & ANSWER

いくつかの型を学んだら、穴うめ問題を解いて、知識を定着させましょう。

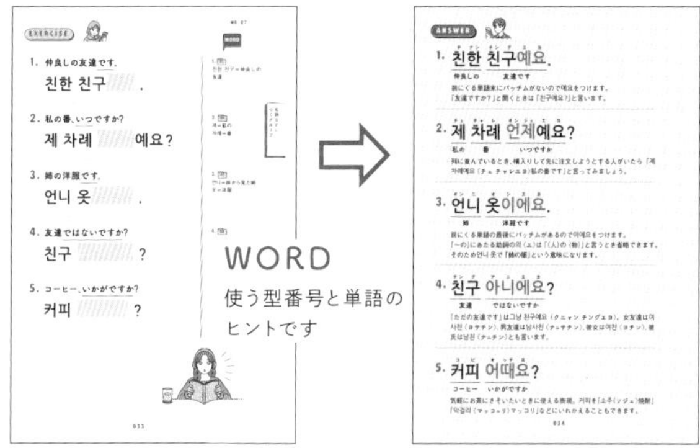

EXERCISE
下線部の日本語に該当する
韓国語を書きます

ANSWER
いれかえて使える表現や、
シチュエーションも学べます

音声ダウンロードの方法

本書をご購入のみなさまは、パソコン・スマートフォン・タブレットから無料で音声を聞くことができます。

手 順

①下記の専用サイトにアクセス、またはQRコードを読み取ってください
https://www.takahashishoten.co.jp/audio-dl/11346.html
②パスワード入力欄に「11346」と入力し、「確定」をクリックしてください
③音声をダウンロードして聞く場合→「全音声をダウンロードする」をクリックしてください。音声はzipファイルでダウンロードされます
ストリーミング再生で聞く場合→トラック番号をクリックして再生してください

※本サービスは予告なく終了することがあります
※パソコン・スマートフォン等の操作に関するご質問にはお答えできません
※音声をお聞きいただく際の通信費はお客様のご負担となります

CONTENTS

活用グループ1　

STAFF

デザイン：大場君人

イラスト：西村オコ

校正：共同制作社

ネイティブ校正：ソ・ウナ

音声収録：ユニバ合同会社

ナレーション：うにょん　細谷美友

編集協力・DTP：株式会社エディポック

ハングル表1

ハングルは子音字と母音字をローマ字のように組み合わせて作ります。
基本子音・激音・濃音を表す文字と基本母音字を組み合わせた一覧です。

基本母音	基本子音								
	ㄱ k・g	ㄴ n	ㄷ t・d	ㄹ r・l	ㅁ m	ㅂ p・b	ㅅ s・ʃ	ㅇ 無音	ㅈ tʃ/dʒ
ㅏ a	가 カ	나 ナ	다 タ	라 ラ	마 マ	바 パ	사 サ	아 ア	자 チャ
ㅑ ja	갸 キャ	냐 ニャ	댜 ティャ	랴 リャ	먀 ミャ	뱌 ピャ	샤 シャ	야 ヤ	쟈 チャ
ㅓ ɔ	거 コ	너 ノ	더 ト	러 ロ	머 モ	버 ポ	서 ソ	어 オ	저 チョ
ㅕ jɔ	겨 キョ	녀 ニョ	뎌 ティョ	려 リョ	며 ミョ	벼 ピョ	셔 ショ	여 ヨ	져 チョ
ㅗ o	고 コ	노 ノ	도 ト	로 ロ	모 モ	보 ポ	소 ソ	오 オ	조 チョ
ㅛ jo	교 キョ	뇨 ニョ	됴 ティョ	료 リョ	묘 ミョ	뵤 ピョ	쇼 ショ	요 ヨ	죠 チョ
ㅜ u	구 ク	누 ヌ	두 トゥ	루 ル	무 ム	부 プ	수 ス	우 ウ	주 チュ
ㅠ ju	규 キュ	뉴 ニュ	듀 ティュ	류 リュ	뮤 ミュ	뷰 ピュ	슈 シュ	유 ユ	쥬 チュ
ㅡ ɯ	그 ク	느 ヌ	드 トゥ	르 ル	므 ム	브 プ	스 ス	으 ウ	즈 チュ
ㅣ i	기 キ	니 ニ	디 ティ	리 リ	미 ミ	비 ピ	시 シ	이 イ	지 チ

	激音				濃音				
ㅎ h・ɦ	ㅋ k^{h}	ㅌ t^{h}	ㅍ p^{h}	ㅊ $tʃ^{h}$	ㄲ ʔk	ㄸ ʔt	ㅃ ʔp	ㅆ ʔs・ʔʃ	ㅉ ʔtʃ
하	카	타	파	차	까	따	빠	싸	짜
ハ	カ	タ	パ	チャ	ッカ	ッタ	ッパ	ッサ	ッチャ
햐	캬	탸	퍄	챠	꺄	땨	뺘	쌰	쨔
ヒャ	キャ	ティャ	ピャ	チャ	ッキャ	ッティャ	ッピャ	ッシャ	ッチャ
허	커	터	퍼	처	꺼	떠	뻐	써	쩌
ホ	コ	ト	ポ	チョ	ッコ	ット	ッポ	ッソ	ッチョ
혀	켜	텨	펴	쳐	껴	뗘	뼈	쎠	쪄
ヒョ	キョ	ティョ	ピョ	チョ	ッキョ	ッティョ	ッピョ	ッショ	ッチョ
호	코	토	포	초	꼬	또	뽀	쏘	쪼
ホ	コ	ト	ポ	チョ	ッコ	ット	ッポ	ッソ	ッチョ
효	쿄	툐	표	쵸	꾜	뚀	뾰	쑈	쬬
ヒョ	キョ	ティョ	ピョ	チョ	ッキョ	ッティョ	ッピョ	ッショ	ッチョ
후	쿠	투	푸	추	꾸	뚜	뿌	쑤	쭈
フ	ク	トゥ	プ	チュ	ック	ットゥ	ップ	ッス	ッチュ
휴	큐	튜	퓨	츄	뀨	뜌	쀼	쓔	쮸
ヒュ	キュ	ティュ	ピュ	チュ	ッキュ	ッティュ	ッピュ	ッシュ	ッチュ
흐	크	트	프	츠	끄	뜨	쁘	쓰	쯔
フ	ク	トゥ	プ	チュ	ック	ットゥ	ップ	ッス	ッチュ
히	키	티	피	치	끼	띠	삐	씨	찌
ヒ	キ	ティ	ピ	チ	ッキ	ッティ	ッピ	ッシ	ッチ

ハングル表2

基本子音・激音・濃音を表す文字と複合母音字を組み合わせた一覧です。複合母音字とは、2つの基本母音字から成り立つ文字です。

基本子音

複合母音

	ㄱ k・g	ㄴ n	ㄷ t・d	ㄹ r・l	ㅁ m	ㅂ p・b	ㅅ s・ʃ	ㅇ 無音	ㅈ tʃ/dʒ
ㅐ ɛ	개 ケ	내 ネ	대 テ	래 レ	매 メ	배 ペ	새 セ	애 エ	재 チェ
ㅒ jɛ	걔 ケ	냬 ネ	ー	ー	ー	ー	섀 セ	얘 イェ	쟤 チェ
ㅔ e	게 ケ	네 ネ	데 テ	레 レ	메 メ	베 ペ	세 セ	에 エ	제 チェ
ㅖ je	계 ケ	녜 ネ	뎨 テ	례 レ	몌 メ	볘 ペ	셰 セ	예 イェ	졔 チェ
ㅘ wa	과 クァ	놔 ヌァ	돠 トァ	롸 ルァ	뫄 ムァ	봐 プァ	솨 スァ	와 ワ	좌 チュア
ㅙ wɛ	괘 クェ	ー	돼 トェ	ー	ー	봬 プェ	쇄 スェ	왜 ウェ	좨 チェ
ㅚ we	괴 クェ	뇌 ヌェ	되 トェ	뢰 ルェ	뫼 ムェ	뵈 プェ	쇠 スェ	외 ウェ	죄 チェ
ㅝ wɔ	궈 クォ	눠 ヌォ	둬 トォ	뤄 ルォ	뭐 ムォ	붜 プォ	숴 スォ	워 ウォ	줘 チュオ
ㅞ we	궤 クェ	눼 ヌェ	뒈 トェ	뤠 ルェ	뭬 ムェ	붸 プェ	쉐 スェ	웨 ウェ	줴 チェ
ㅟ wi	귀 クィ	뉘 ヌィ	뒤 トィ	뤼 ルィ	뮈 ムィ	뷔 プィ	쉬 スィ	위 ウィ	쥐 チュイ
ㅢ ɯi	긔 キ	늬 ニ	듸 ティ	ー	ー	ー	ー	의 ウィ	ー

※空欄になっているところは
実際にはほぼ使われない文字です。

	激音				濃音				
ㅎ h・ɦ	ㅋ k^{h}	ㅌ t^{h}	ㅍ p^{h}	ㅊ tʃ^{h}	ㄲ ʔk	ㄸ ʔt	ㅃ ʔp	ㅆ ʔs・ʔʃ	ㅉ ʔtʃ
해	캐	태	패	채	깨	때	빼	쌔	째
ヘ	ケ	テ	ペ	チェ	ッケ	ッテ	ッペ	ッセ	ッチェ
ー	ー	ー	ー	ー	ー	ー	ー	ー	ー
헤	케	테	페	체	께	떼	빼	쎄	쩨
ヘ	ケ	テ	ペ	チェ	ッケ	ッテ	ッペ	ッセ	ッチェ
혜	켸	톄	폐	쳬	꼐	ー	ー	ー	ー
ヘ	ケ	テ	ペ	チェ	ッケ				
화	콰	톼	퐈	촤	꽈	똬	ー	쏴	쫘
ファ	クァ	トァ	プァ	チュア	ックァ	ットァ		ッスァ	ッチュア
홰	쾌	퇘	ー	ー	꽤	뙈	ー	쐐	쫴
フェ	クェ	トェ			ックェ	ットェ		ッスェ	ッチェ
회	쾨	퇴	푀	최	꾀	뙤	뾔	쐬	쬐
フェ	クェ	トェ	プェ	チェ	ックェ	ットェ	ップェ	ッスェ	ッチェ
훠	쿼	퉈	풔	춰	꿔	뚸	ー	쒀	쭤
フォ	クォ	トォ	プォ	チュオ	ックォ	ットォ		ッスォ	ッチュオ
훼	퀘	퉤	ー	췌	꿰	뛔	ー	쒜	ー
フェ	クェ	トェ		チェ	ックェ	ットェ		ッスェ	
휘	퀴	튀	퓌	취	뀌	뛰	ー	쒸	쮜
フィ	クィ	トィ	プィ	チュイ	ックィ	ットィ		ッスィ	ッチュイ
희	ー	틔	ー	ー	ー	띄	ー	씌	ー
ヒ		ティ				ッティ		ッスィ	

韓国語のきほんのルール

韓国語は日本語と語順がほぼ同じで、日本人には学びやすい言語です。おもな韓国語の特徴やルールを紹介します。

「韓国語の助詞」

日本語と同じように、韓国語にも「て、に、を、は」などの助詞があり、名詞などについて文法上の役割を明確にします。

日本語の助詞との大きな違いは、助詞の前にくる単語末にパッチムがあるかどうかで使い分けるものがあることです。

色のついた部分がパッチムです。パッチムとは、子音と母音の組み合わせの下にある子音パーツのことです。

업　앉

主な助詞については203ページにまとめてあります。

語末にパッチムがない語句につく		語末にパッチムがある語句につく	
가	～が、は	이	～が、は
는	～は	은	～は
를	～を	을	～を

チ ゴ ビ　ムォ エ ヨ
직업이 뭐예요?
職業は　何ですか

「さまざまな文体」

日本語と同じように、韓国語にも場面や話し手の気持ちによってさまざまな文体があります。

〈代表的な文体と使われる場面〉

	かしこまった言い方	親しみを込めた言い方
です・ます体	礼儀正しく公的な ハムニダ体 ㅂ니다/습니다 例）고맙습니다. ありがとうございます。	親しい目上の人に ヘヨ体 아/어요 例）고마워요. ありがとうです。
だ・である体	文章や独り言 ハンダ体 ㄴ/는다 例）고맙다. ありがたい。	友達や家族、ためぐち パンマル 아/어 例）고마워. ありがとう。

親しい友人とはパンマルで、先輩社員や同僚にはヘヨ体で、上司や取引先などにはハムニダ体で、などと使い分けます。

本書では、会話によく使われていて、話すときにもっとも自然で失礼ではないヘヨ体を中心に、80の型を選びました。場面に応じて敬語やパンマルも紹介しています。

文を読みやすくする「分かち書き」

韓国語には「分かち書き」という書き方のルールがあります。意味の区切りなどでスペースをあけて、読みやすくします。

「韓国語のフォント」

韓国語は、「자」と「자」、「하」と「하」のようにフォントによって形が違うものがあります。日本語の「令」と「令」の違いのようなものです。手書きするときは자、하のように書きます。

〈フォントの種類〉

（ゴシック系）

チュ カ ヘ ヨ
축하해요
おめでとうございます

（明朝系）

チュ カ ヘ ヨ
축하해요
おめでとうございます

チュ カ ヘ ヨ
축하해요
おめでとうございます

「韓国語の活用」

日本語の「書く」が「書かない」「書きます」「書こう」と変化するように、韓国語の語句も語尾によって変化します。これを「活用」と言います。

活用する語句を用言と言って、動詞、形容詞、存在詞（-있다〈イッタ〉、-없다〈オプタ〉）、指定詞（-이다〈イダ〉、아니다〈アニダ〉）があります。

韓国語の用言は、語句の一番最後がすべて「다」という文字になっています。다をとった部分を「語幹」と言います。

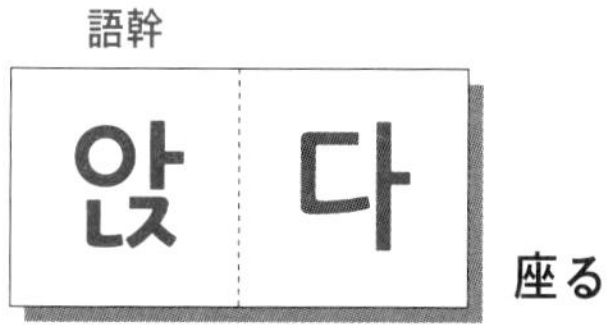

座る

韓国語の用言は、あとに続く型によって活用のしかたが変わります。本書では、名詞などにそのままつく型のグループと、用言につく型のグループ3つの、4つのグループに分けて80の型を紹介しています。

次のページで4つの活用グループを見ていきましょう。

4つの活用グループ

本書では、会話でよく使う80の「型」を、活用のしかたによって4つのグループに分けました。ここでは、それぞれのグループを簡単に紹介します。くわしい説明は各章の初めにあります。

名詞などにつくグループ

→ パターン01～24

主に名詞などにそのまま「型」をつける

カス　アニエヨ
가수 + 아니에요
歌手　ではないです

活用グループ1

→ パターン25～40

다をとって、そのまま「型」をつける

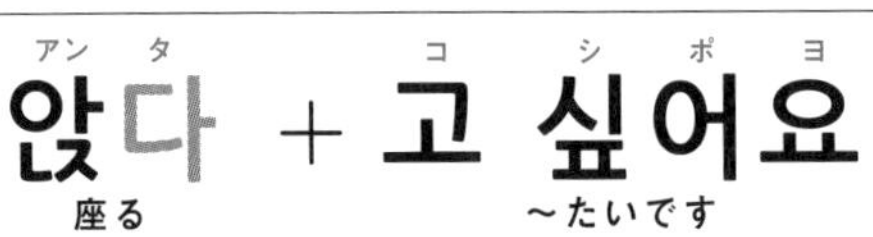

活用グループ2

→ パターン41～58

다をとって、語幹末にパッチムがあれば으をつけてから「型」をつける

アン　タ 앉다 座る	＋	ウ 으	＋	セ　ヨ 세요 ～てください

活用グループ3

→ パターン59～80

다をとって、語幹末の母音によって아か어を選んで「型」をつける

アン　タ 앉다 座る	＋	ア 아	＋	ヨ 요 ～ます

モㇰ　タ 먹다 食べる	＋	オ 어	＋	ヨ 요 ～ます

韓国語の発音のコツ

ハングルは、基本的にそのまま読めば発音できますが、文字通りに読まないこともあります。ここではその代表的なルールを紹介します。わかりやすく伝えるためにローマ字表記を使っているので、ハングル表の発音記号とは表記が異なります。

パッチムの代表音

パッチムの文字はたくさんありますが、発音は７つだけです。この７つの発音を代表音と言います。

代表音	k	n	t	l	m	p	ng
パッチムの文字	ㄱ ㅋ	ㄴ	ㄷ ㅌ ㅅ ㅆ ㅈ ㅊ ㅎ	ㄹ	ㅁ	ㅂ ㅍ	ㅇ

①有声音化（濁音化）

単語の中にある[ㄱ、ㄷ、ㅂ、ㅈ]の音は、直前にパッチムがないときと、パッチムㄴ、ㄹ、ㅁ、ㅇのあとは濁って発音します。

無	ㄴ	ㄹ	ㅁ	ㅇ	+	ㄱ	ㄷ	ㅂ	ㅈ

⬇

無	ㄴ	ㄹ	ㅁ	ㅇ	+	[ㄱ゛	ㄷ゛	ㅂ゛	ㅈ゛]

고기 (ko ki) 発音は⇨ [고기゛] (ko gi) 肉　　일본 (il pon) 発音は⇨ [일본゛] (il bon) 日本

②連音化

パッチムの直後にㅇがくると、その音はㅇの位置に移ります。このときは代表音ではなく、パッチムの文字どおりの音で発音します。

kkot kkot i　発音は　kkot kko ji
꽃꽂이 ⇨ [꼳꼬지] 生け花

③激音化

ㅎ の前後にㄱ、ㄷ、ㅂ、ㅈ がくると［ㅋ、ㅌ、ㅍ、ㅊ］の音に変わります。

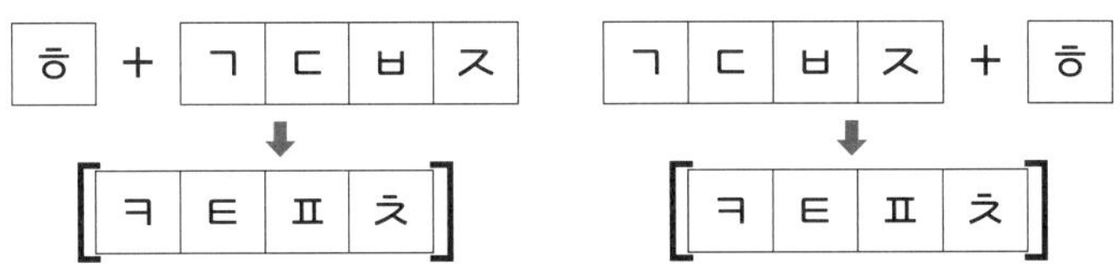

choh da　発音は　cho ta
좋다！ ⇨ [조타] いい！

chuk ha　発音は　chu ka
축하 ⇨ [추카] 祝賀

④濃音化

［k、t、p］の音のあとにㄱ、ㄷ、ㅂ、ㅅ、ㅈ がくると［ㄲ、ㄸ、ㅃ、ㅉ、ㅆ］の音になります。

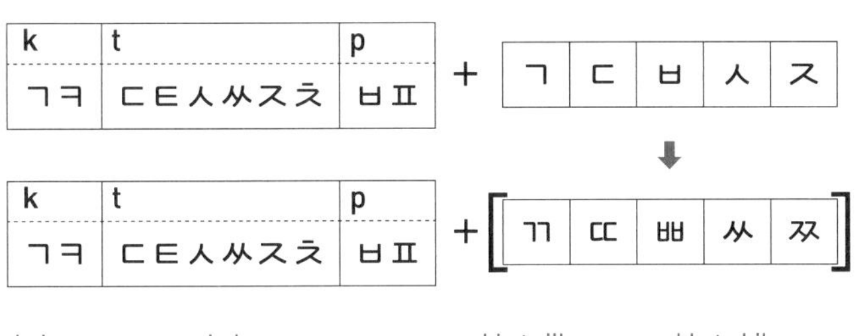

k	t	p
ㄱㅋ	ㄷㅌㅅㅆㅈㅊ	ㅂㅍ

＋ ㄱ ㄷ ㅂ ㅅ ㅈ

k	t	p
ㄱㅋ	ㄷㅌㅅㅆㅈㅊ	ㅂㅍ

＋ [ㄲ ㄸ ㅃ ㅆ ㅉ]

hak seng　発音は　hak sseng
학생 ⇨ [학쌩] 学生

kkot jib　発音は　kkot chib
꽃집 ⇨ [꼳찝] 花屋

⑤ㅎの弱音化・無音化

弱音化 ㅎの音は、直前にパッチムがないときとパッチムㄴ、ㄹ、ㅁ、ㅇ のあとは弱く発音します。発音しない人もいます。

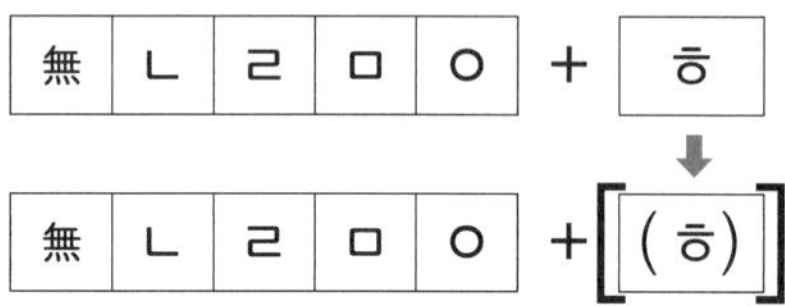

chon hwa　発音は　cho nwa
전화 ⇨ [저놔] 電話

無音化 ㅎ のあとに ㅇ がくると、ㅎ の音はなくなります（無音化）

man hi　発音は　ma ni
많이 ⇨ [마니] たくさん

⑥鼻音化

［k、t、p］の音のあとにㅁ、ㄴ（鼻音）がくると、それぞれ［ng、n、m］と発音します。

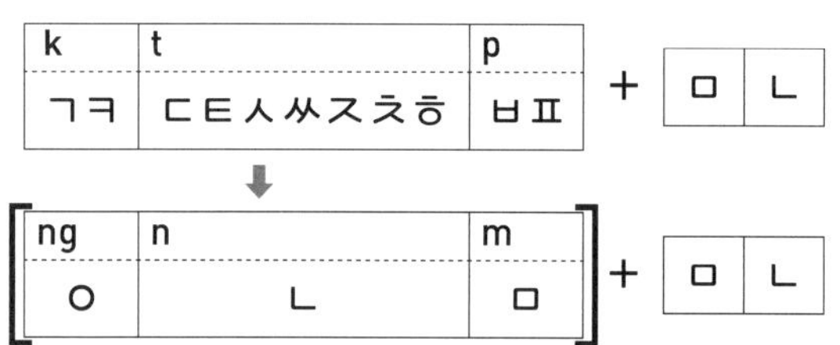

chak nyeon　発音は　chan nyeon
작 년 ⇨ [장 년] 昨年

sip man　発音は　sim man
십만 ⇨ [심만] 十万

⑦口蓋音化

パッチムㄷ のあとに 이 がくると [지] の音に、パッチムㅌ のあとに 이 がくると [치] の音になります。

ka ti 発音は ka chi
같이 ⇨ [가치] 一緒に

⑧ㄴ挿入（ㄴ添加）

２つの単語からできた合成語で、前の単語末にパッチムがあり、あとの単語が 야、여、요、유、이、예、얘 で始まるとき、ㅇの位置に ㄴ が入り [냐、녀、뇨、뉴、니、녜、냬] の音になります。

myeong dong yeok 発音は myeong dong nyeok
명 동 + 역 ⇨ [명 동 녁] 明洞駅

ir pon yo ri 発音は ir bon nyo ri
일본 + 요리 ⇨ [일본 뇨리] 日本料理

⑨流音化

ㄹ と ㄴ が隣り合うと、[ㄹㄹ] か [ㄴㄴ] のどちらかの音になります。

yeon ryak 発音は yeor rak
연락 ⇨ [열락] 連絡

shin la myeon 発音は shin na myeon
신라 면 ⇨ [신나 면] 辛ラーメン

名詞などにつくグループ

名詞などにそのまま型をつけるグループです。

文章の場合は「を」「が」「は」などの助詞を加える必要がありますが、会話では助詞は省かれることが多いので、ここではシンプルに「語句にそのままつける型」として覚えましょう。

例

イッ ソ ヨ
있어요? ありますか？（パターン08）

チャ リ
자리（席）

➡ 자리 ＋ 있어요？ ➡ 자리 있어요？（席、ありますか？）

イ ゴ
이거（これ）

➡ 이거 ＋ 있어요？ ➡ 이거 있어요？（これ、ありますか？）

ハ ナ ド
하나 더（もう１つ）

➡ 하나 더 ＋ 있어요？ ➡ 하나 더 있어요？
（もう１つ、ありますか？）

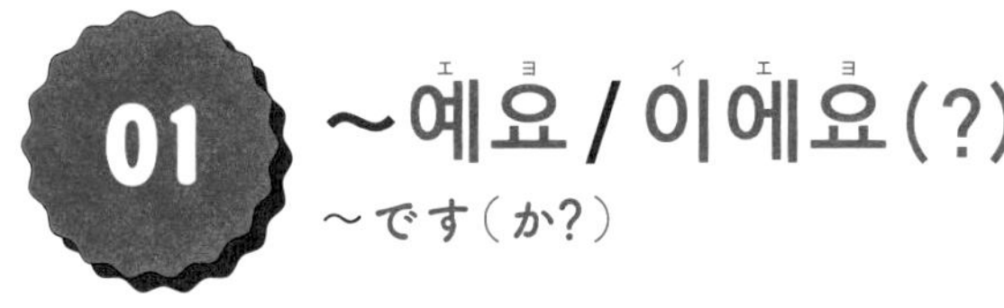

01 ～예요/이에요(?)

～です(か?)

친구예요.
友達です。

1. 名詞＋예요で「～です」という型

語末にパッチムのない名詞に예요をつけるだけで「～です」という意味になります。文末に「？」をつけ、イントネーションを上げるだけで「～ですか？」という疑問文にもなります。

例 **혼자예요.**
1人です

例 **신용 카드예요?**
クレジットカードですか

2. 単語末にパッチムがあるときは이에요

単語末にパッチムのある名詞には이에요をつけます。パッチムとは、책のㄱ、일のㄹのように、子音と母音の組み合わせの下につく子音字のことです。こちらも文末に「？」をつけ、イントネーションを上げれば疑問文になります。

例 **책 → 책이에요.**
本　本です

例 **내일 → 내일이에요?**
明日　明日ですか

~(가/이) 아니에요(?)

~ではないです(か?)

제 거 아니에요.

私のではないです。

※会話では、助詞가/이は省略してOKです。

1. もの・ことを否定する型

아니에요の前には名詞(もの・こと)がきます。「~ではありません、~は違います」と否定する表現です。助詞は前にくる単語末にパッチムがなければ가、パッチムがあれば이を使います。

文末のイントネーションを上げると「~ではないですか?」と相手にたずねる表現になります。

例 학생 아니에요. 助詞省略

学生 ではないです

2. 答え方は「맞아요 その通りです/아니에요 違います」

「아니에요? ~ではないですか?」と聞かれたら、「맞아요 その通りです」「아니에요 違います」と答えるだけでOKです。やんわりと否定したいときは「아닌데요(アニンデヨ)違いますけど…」と言います。

シーン 落とし物の持ち主を探すとき、物を見せながら

이거, 아니에요?

これ 違いますか

아니에요. / 아닌데요.

違います 違いますけど…

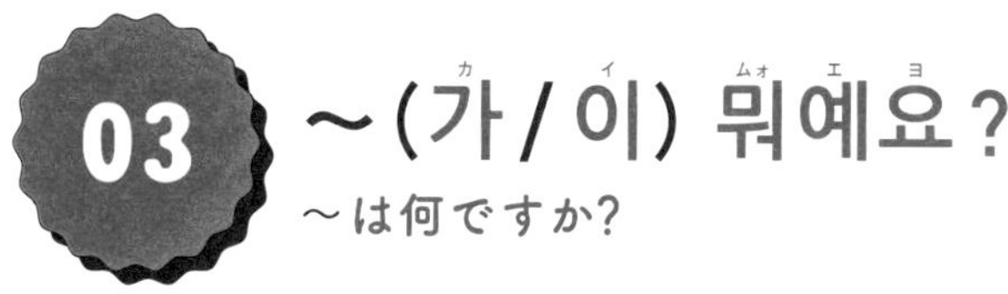

03 ～(가/이) 뭐예요?

（カ/イ ムォエヨ）

～は何ですか?

이름(이) 뭐예요?（イルミ ムォエヨ）

名前は何ですか?

※会話では、助詞가/이は省略してもOKです。

1. もの・ことについて、たずねる型（パターン）

뭐は「何」という意味です。相手の名前や住所など、聞きたいことがあるときに「～は何ですか？」とたずねる表現です。疑問詞(204ページ)のある疑問文では、가/이を用いて聞くのが普通です。

例 **취미가 뭐예요?**（チュイミガ ムォエヨ）　パッチムなし

趣味は　何ですか

例 **직업이 뭐예요?**（チゴビ ムォエヨ）　パッチムあり

職業は　何ですか

2. よくわからないことを聞き返す

相手の言った単語がよくわからなかったり、イメージがわかなかったりしたときに、「～は何のことですか？／～って何ですか？」とたずねるときにも使えます。

シーン 会話の中で知らない言葉があったら

😐 **'장어' 가 뭐예요?**（チャンオ ガ ムォエヨ）

「チャンオ」は　何ですか

🙂 **'우나기' 예요.**（ウナギ エヨ）

「ウナギ」です

～(가/이) 언제예요?

～はいつですか?

생일(이) 언제예요?

誕生日はいつですか?

※会話では、助詞가/이は省略してOKです。

1. 日時や時間をたずねる型

時期や時間をたずねる表現です。언제で「いつ」という意味になります。ほかの疑問詞は204ページで紹介しています。

例 다음 휴일이 언제예요? パッチムあり

次の 休日は いつですか

例 라이브가 언제예요? パッチムなし

ライブは いつですか

2.「いつでしたか?」は언제였어요?

過去のことを聞きたいときは「언제였어요? いつでしたか?」と言います。過去の表現は活用グループ3で学びます。

例 시험 언제였어요?

試験 いつでしたか

～(가/이) 어디예요?

～はどこですか?

화장실(이) 어디예요?

トイレはどこですか?

※会話では、助詞가/이は省略してOKです。

1. 場所をたずねる型

어디は「どこ」という意味の疑問詞です。어디예요? の前に行きたい場所を入れて、その行き方をたずねます。

例 입구 어디예요?
入口 どこですか

例 여기 어디예요?
ここ どこですか

2. 答え方は「こちら」「そちら」「あちら」だけでOK

場所の案内は、かなり高度で複雑です。「저쪽이에요（チョッチョギエヨ）あちらです」「이쪽이에요（イッチョギエヨ）こちらです」のように、方角を告げる表現を覚えておくと便利です。

こちら	そちら	あちら	どちら
이 쪽	그 쪽	저 쪽	어느 쪽

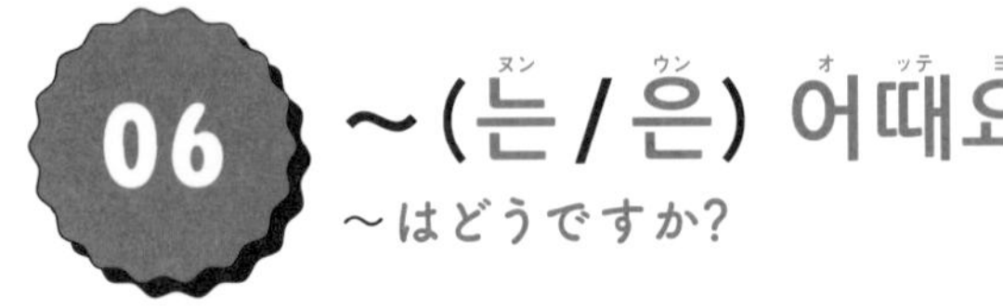

※会話では、助詞는/은は省略してOKです。

1. 意見や感想を求める型

어때요? は「どう思いますか？」と相手に意見や感想を求める表現です。いいと思えば「좋아요（チョアヨ）いいです」、何と言ってよいのかよくわからないときは「글쎄요（クルッセヨ）そうですね」と答えればOKです。助詞は、前の単語末にパッチムがなければ는、あれば은を使います。

例 이거는 어때요?　パッチムなし
これは　どうですか

例 맛은 어때요?　パッチムあり
味は　どうですか

2. さそうときにも使える

어때요? は「～はいかがですか？」と、相手をさそうときにも使えます。

例 그럼, 내일은 어때요?　パッチムあり
そしたら　明日は　いかがですか

例 오골계 삼계탕 어때요?　助詞省略
烏骨鶏　参鶏湯　いかがですか(＝食べましょう)

🔊 07

EXERCISE

1. 仲良しの友達です。

친한 친구＿＿.

2. 私の番、いつですか?

제 차례 ＿＿ 예요?

3. 姉の洋服です。

언니 옷＿＿.

4. 友達ではないですか?

친구 ＿＿ ?

5. コーヒー、いかがですか?

커피 ＿＿ ?

WORD

1. 01
친한 친구＝仲良しの友達

2. 04
제＝私の
차례＝番

3. 01
언니＝妹から見た姉
옷＝洋服

4. 02

5. 06
커피＝コーヒー

チ ナン チン グ エ ヨ
1. 친한 친구예요.

仲良しの 友達です

前にくる単語末にパッチムがないので예요をつけます。
「友達ですか?」と聞くときは「친구예요?」と言います。

チェ チャ レ オン ジェ エ ヨ
2. 제 차례 언제예요?

私の 番 いつですか

列に並んでいるとき、横入りして先に注文しようとする人がいたら「제 차례예요(チェ チャレエヨ)私の番です」と言ってみましょう。

オン ニ オ シ エ ヨ
3. 언니 옷이에요.

姉 洋服です

前にくる単語の最後にパッチムがあるので이에요をつけます。
「〜の」にあたる助詞の의(エ)は「(人)の(物)」と言うとき省略できます。
そのため언니 옷で「姉の洋服」という意味になります。

チン グ ア ニ エ ヨ
4. 친구 아니에요?

友達 ではないですか

「ただの友達です」は그냥 친구예요(クニャン チングエヨ)。女友達は여사친(ヨサチン)、男友達は남사친(ナムサチン)、彼女は여친(ヨチン)、彼氏は남친(ナムチン)とも言います。

コ ピ オ ッテ ヨ
5. 커피 어때요?

コーヒー いかがですか

気軽にお茶にさそいたいときに使える表現。커피を「소주(ソジュ)焼酎」「막걸리(マッコルリ)マッコリ」などにいれかえることもできます。

EXERCISE

WORD

6. 悪い人ではないです。

나쁜 사람 ______ .

6. 02
나쁜 사람＝悪い人

7. ライブ、いつですか?

라이브 ______ ?

7. 04

8. 明日、いかがですか?

내일 ______ ?

8. 06
내일＝明日

9. 歌のタイトル、何ですか?

노래 제목 ______ 예요?

9. 03
노래＝歌
제목＝タイトル

10. 今どこですか?

지금 ______ ?

10. 05
지금＝今

名詞などにつくグループ

ナ ッブン　サ ラム　ア ニ エ ヨ

6. 나쁜 사람 아니에요.

悪い　人　ではないです

「私はいい人です」と言いたいときは、저는 좋은 사람이에요（チョヌン チョウン サラミエヨ）と言います。

ラ イ ブ　オン ジェ エ ヨ

7. 라이브 언제예요?

ライブ　いつですか

「いつですか?」と聞かれたら、「오늘（オヌル）今日」「내일（ネイル）明日」「모레（モレ）明後日」など、時間を表す単語を使って答えてみましょう。
➡ 모레예요.（モレエヨ）明後日です。

ネ イル　オ ッテ ヨ

8. 내일 어때요?

明日　いかがですか

207ページを参考に、내일を曜日や月日にいれかえて言ってみましょう。相手の都合を聞くことができます。

ノ レ　チェ モク　ムォ エ ヨ

9. 노래 제목 뭐예요?

歌　タイトル　何ですか

「〜の」にあたる助詞の의（エ）は、この場合省略し、노래 제목で「歌のタイトル」という意味になります。好きな曲が流れていて、何の曲か気になったとき使える表現です。

チ グム　オ ディ エ ヨ

10. 지금 어디예요?

今　どこですか

電話やメッセージアプリなどで相手の居場所を聞くときにぜひ使ってみてください。

EXERCISE

11. 結婚記念日、いつですか?

결혼기념일 ______ ?

12. パスワード、何ですか?

비밀번호 ______ ?

13. この席、どこですか?

이 자리 ______ ?

14. 3号線ではないですか?

3호선 ______ ?

15. プレゼントにバラの花、いかがですか?

선물로 장미꽃 ______ ?

WORD

11. 04
결혼기념일＝結婚記念日

12. 03
비밀번호＝パスワード、暗証番号

13. 05
이＝この
자리＝席

14. 02
3호선[삼호선] ＝3号線（ソウルの地下鉄は1号線から9号線まである）

15. 06
선물＝プレゼント
로＝～に
장미꽃＝バラの花

11. 결혼기념일 언제예요?

キョロンギニョミル オンジェエヨ

結婚記念日 いつですか

결혼기념일を「월급날（ウォルグムナル）給料日」「입학식（イパクシク）入学式」「졸업식（チョロプシク）卒業式」などにいれかえて言ってみましょう。

12. 비밀번호 뭐예요?

ピミルボノ ムォエヨ

パスワード 何ですか

ホテルなどでWi-Fiのパスワードを聞きたいときに使える表現です。비밀번호は短く비번（ピボン）とも言います。

13. 이 자리 어디예요?

イ チャリ オディエヨ

この 席 どこですか

チケットに書いてある座席の位置がわからないときに言ってみましょう。係の人が「이쪽으로 오세요（イッチョグロ オセヨ）こちらにいらしてください」と案内してくれます。

14. 3호선 아니에요?

サモソン アニエヨ

3号線 ではないですか

文末のイントネーションを上げると「～ではないですか？」と確認する意味になります。

15. 선물로 장미꽃 어때요?

ソンムルロ チャンミッコッ オッテヨ

プレゼントに バラの花 いかがですか

어때요? は相手にアドバイスするときにも使える表現です。「記念にネックレスはいかがですか？」は기념으로 목걸이 어때요?（キニョムロ モッコリ オッテヨ）と言います。

07 ～주세요（チュセヨ）

～ください

커피（コピ） 주세요（ジュセヨ）.

コーヒーください。

1. ほしいものをシンプルに要求する型（パターン）

주세요は「お～くださいませ」と敬語を使って、ていねいに要求する言い方です。やんわりとお願いする気持ちをこめて言いましょう。

例 연락（ヨルラク） 주세요（チュセヨ）.

連絡 ください

シーン メニューなどを指さしながら

이거（イゴ） 주세요（ジュセヨ）.

これ ください

2.「좀（チョム）」をつけると、さらにていねい

주세요は基本的には命令表現なので、さらにていねいに言いたいときには좀を使います。좀は「少し、ちょっと」という意味ですが、遠慮がちな態度を表すために使われます。日本語で「ちょっとお願いします」と言うときの「ちょっと」と同じニュアンスです。

例 물（ムル） 좀（ジョム） 주세요（ジュセヨ）.

お水 ちょっと ください

～(가/이) 있어요(?)

～があります(か?)、います(か?)

시간(이) 있어요?
時間がありますか?

※ 会話では、助詞가/이は省略してOKです。

1. 人やものの存在を言う型

있어요は「あります、います」と、人やものが存在することを意味します。韓国語では、日本語のように人とものを区別することはありません。文末のイントネーションを上げると疑問文になります。

例 남동생 있어요.
弟 います

シーン トイレの個室

사람 있어요?
人 いますか(=入ってますか?)

2.「場所＋에」で「～にあります、います」

場所を表す単語のあとに助詞の「에」をつけると「～に」と位置を表す表現になります。

例 2층에 있어요.
2階に います

09 ～(가/이) 없어요(?)

カ　イ　オㇷ゚ソヨ

～がありません(か?)、いません(か?)

エイニ　オㇷ゚ソヨ

애인(이) 없어요.

恋人がいません。

※会話では、助詞가/이は省略してOKです。

1. 人やものが存在しないことを言う型（パターン）

人やものが存在しないことを表すには「없어요 ありません」を使います。文末のイントネーションを上げると疑問文になります。

例 **자리**（チャリ／席） **없어요**（オㇷ゚ソヨ／ありません）.

例 **여동생**（ヨドンセン／妹） **없어요**（オㇷ゚ソヨ／いませんか）?

2.「人やもの＋도（ト）」で「～も」と追加や強調する表現になる

助詞の「도」と一緒に使って「도 없어요」と言うと、「～もありません、いません」と追加・強調の意味が加わります。

例 **아무도**（アムド／誰も） **없어요**（オㇷ゚ソヨ／いません）.

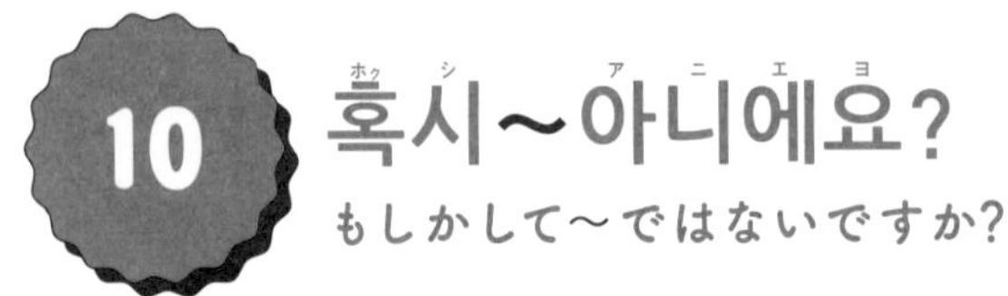

10 혹시～아니에요?（ホクシ～アニエヨ）
もしかして～ではないですか?

혹시 이거 아니에요?（ホクシ イゴ アニエヨ）
もしかしてこれではないですか?

1. 疑問に思ったことをたしかめる型（パターン）

혹시は「もしかして」、아니에요は「ではないです」という否定の意味です。この 2 つの間に名詞をはさんで、疑問に思ったことをたしかめる表現です。

例 혹시（ホクシ）／もしかして　가수（カス）／歌手　아니에요（アニエヨ）／ではないですか?

例 혹시（ホクシ）／もしかして　내일（ネイル）／明日　아니에요（アニエヨ）／ではないですか?

2.「혹시 -예요?（ホクシ エヨ）」で「もしかして～ですか?」

아니에요を예요（パターン 01）にかえると、「もしかして～ですか?」とたずねることができます。相手に「あなたは～ですよね?」とたしかめる意味にもなります。예요の前の名詞末にパッチムがあるときは예요ではなく이에요を使います。

例 혹시（ホクシ）／もしかして　혼자예요（ホンジャエヨ）／ひとりですか?　パッチムなし

～에 가요(?)

～に行きます(か?)、行きましょう(か?)

팬미팅에 가요.（ペンミティン エ カヨ）

ファンミに行きます。

1. 行き先を告げたりさそったりする型（パターン）

「場所＋에 가요」で「～に行きます」と言います。가요は「行きます」という意味ですが、イントネーションによって「行きましょう」という意味にもなります。友達をさそえる便利な表現です。

例 서울에（ソウレ） 가요.（カヨ） ↘
ソウルに　行きます

例 노래방에（ノレバンエ） 가요.（カヨ） ↗
カラオケボックスに　行きましょう

2.「집에 가요」（チベ カヨ）で「家に帰ります」

直訳すると「家に行きます」ですが、これで「帰ります」という意味になります。語尾を上げれば「家に帰りますか？」とたずねる表現になります。

シーン 一緒に遊んでいる友達が帰る準備を始めたとき

벌써（ポルソ） 집에（チベ） 가요?（カヨ）
もう　家に　帰りますか

～(를/을) 좋아해요(?)

～が好きです(か?)

ケイパ　　ブル　チョアヘヨ
k-pop(을)좋아해요.
k-popが好きです。

※会話では、助詞를/을は省略してOKです。

1. 自分の「推し」を伝える型(パターン)

좋아해요は「好きです」という意味です。助詞は、前にくる単語の最後にパッチムがないときは를、あるときは을を使います。

例 ハングン　ニョンファルル　チョアヘヨ
한국 영화를 좋아해요.　パッチムなし
韓国　映画が　好きです

例 ソンシギョンウル　チョアヘヨ
성시경을 좋아해요.　パッチムあり
ソン・シギョンが　好きです

例 ッパン　モンヌン　ゴ　チョアヘヨ
빵 먹는 거 좋아해요.　助詞省略
パン　食べること　好きです

---

2. 「안(アン)」をつければ否定の意味になる

안は否定の意味を表します。動詞や形容詞の前に안をつけるだけでも使えます。안 좋아해요（アン ジョアヘヨ）で「好きではありません」となります。

例 コッチャン　アンジョアヘヨ
곱창 안 좋아해요.
モツ　好きではありません

🔊 14

16. 連絡先、ありませんか?

연락처 ＿＿＿＿ ?

17. チョコミント、とても好きです。

민초 엄청 ＿＿＿＿ .

18. 麦茶ください。

보리차 ＿＿＿＿ .

19. もしかして芸能人ではないですか?

＿＿＿＿ 연예인 ＿＿＿＿ ?

20. 質問、あります。

질문 ＿＿＿＿ .

16. 09
연락처＝連絡先

17. 12
민초＝チョコミント
엄청＝とても

18. 07
보리차＝麦茶

19. 10
연예인＝芸能人

20. 08
질문＝質問

16. 연락처(ヨルラクチョ) 없어요(オプソヨ)?

連絡先 ありませんか

友達になりたい人にぜひ使ってみてください。電話番号がほしいときは「전화번호 주세요（チョヌァボノ ジュセヨ）電話番号ください」。

17. 민초(ミンチョ) 엄청(オムチョン) 좋아해요(チョアヘヨ).

チョコミント とても 好きです

日本では「チョコミント」と言いますが、韓国では「민초（ミンチョ）ミントチョコ」と言います。

18. 보리차(ポリチャ) 주세요(ジュセヨ).

麦茶 ください

韓国の飲食店でも、麦茶や水などは無料で出されます。ほしい数を伝えるときは、한 개（ハン ゲ）1個、두 개（トゥ ゲ）2個、세 개（セ ゲ）3個などを使ってみましょう。

19. 혹시(ホクシ) 연예인(ヨネイン) 아니에요(アニエヨ)?

もしかして 芸能人 ではないですか

もしも街で出会うようなことがあればたずねてみましょう。

20. 질문(チルムン) 있어요(イッソヨ).

質問 あります

気になることがあったら言ってみましょう。질문の代わりに「고민（コミン）悩み」「좋은 생각（チョウン センガク）よい考え」なども使えます。

WORD

21. 2階にはありません。

2층에는 ＿＿＿＿ .

22. 一緒にソウルに行きましょう。

같이 서울에 ＿＿＿＿ .

23. ここは誰もいません。

여기는 아무도 ＿＿＿＿ .

24. もしかして韓国人ですか?

＿＿＿＿ 한국 사람＿＿＿＿ ＿＿ ?

25. 席、ありますか?

자리 ＿＿＿＿ ?

21. 09
2층＝2階
에는＝〜には（場所を表す에（〜に）を強調する意味）

22. 11
같이＝一緒に
서울＝ソウル

23. 09
여기＝ここ
아무도＝誰も（→41ページ）

24. 10
한국 사람＝韓国人

25. 08
자리＝席

イチュン エ ヌン オㇷ゚ ソ ヨ

21. 2층에는 없어요.

2階には　ありません

階数は「층」で表します。

カ チ ソ ウ レ カ ヨ

22. 같이 서울에 가요.

一緒に　ソウルに　行きましょう

「行きます」も「行きましょう」も가요と言うのでしたね。「？」をつけて末尾を上げて発音すると「行きますか？」となります。

ヨ ギ ヌン ア ム ド オㇷ゚ ソ ヨ

23. 여기는 아무도 없어요.

ここは　誰も　いません

아무도の代わりに「아무것도（アムゴット）何も」「아무 문제도（アム ムンジェド）何の問題も」などを使うこともできます。

ホㇰ シ ハン グㇰ サ ラ ミ エ ヨ

24. 혹시 한국 사람이에요?

もしかして　韓国　人ですか

사람は単語末にパッチムがあるので이에요がついています。한국 사람を「학생（ハㇰセン）学生」、「아는 사람（アヌン サラㇺ）知人」「팬（ペン）ファン」などにいれかえて使ってみましょう。

チャ リ イッ ソ ヨ

25. 자리 있어요?

席　ありますか

飲食店などでこのように聞くと、「몇 분이세요?（ミョップニセヨ）何名様ですか?」と聞かれるでしょう。そのときは「세 명이에요（セ ミョンイエヨ）3名です」のように「固有数詞＋명（ミョン）」を使って答えます。

EXERCISE

WORD

26. 週末に山に行きます。

주말에 산 ______ .

26. 11
주말＝週末
산＝山

27. 興味、ありませんか?

관심 ______ ?

27. 09
관심＝興味、関心

28. キムチもおかわりください。

김치 ___ 리필 ______ .

28. 07
김치＝キムチ
も＝41ページ
리필＝おかわり

29. 食べること、好きです。

먹는 거 ______ .

29. 12
먹는 거＝食べること

30. サンナクチ、好きではありませんか?

산낙지 ______ ?

30. 12
산낙지＝活ダコ、サンナクチ（生きているテナガダコ）

26. 주말에 산에 가요.

チュマレ　サネ　ガヨ

週末に　山に　行きます

주말에を「아침에（アチメ）朝に」「밤에（パメ）夜に」などにいれかえても使えます。

27. 관심 없어요?

クァンシム　オプソヨ

興味　ありませんか

「問題ありません」は문제 없어요（ムンジェ オプソヨ）、「約束ありません」は약속 없어요（ヤクソク オプソヨ）と言います。

28. 김치도 리필 주세요.

キムチド　リピル　ジュセヨ

キムチも　おかわり　ください

리필は英語のリフィル（refill）が語源。主に飲み物のおかわりする場合に使いますが、最近は食べ物全般にも使われます。

29. 먹는 거 좋아해요.

モンヌンゴ　チョアヘヨ

食べること　好きです

「動詞の語幹（19ページ）+는 거」で「～すること」という意味になります。

30. 산낙지 안 좋아해요?

サンナクチ　アンジョアヘヨ

サンナクチ　好きではありませんか

안をつけると否定の意味になるのでしたね。산낙지は生きたままのテナガダコをぶつ切りにして、塩を入れたごま油やコチュジャンにつけて食べる料理です。

13 ~(를/을) 좋아하세요?

ルル　ウル　チョアハセヨ

~がお好きですか?

ラミョヌル　チョアハセヨ

라면(을) 좋아하세요?

ラーメンがお好きですか?

※会話では、助詞를/을は省略してOKです。

1. 目上の人や初対面の人に好みを聞く型(パターン)

좋아하세요は、パターン12「좋아해요(チョアヘヨ)」の敬語表現です。세요?は「~でいらっしゃいますか?」と目上の人や初対面の人に対して使います。「好きだ」と一緒に使うと「お好きでいらっしゃいますか?」という意味になります。

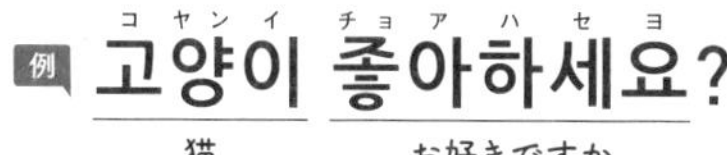

例 **고양이 좋아하세요?**

コヤンイ　チョアハセヨ

고양이：猫　좋아하세요：お好きですか

---

2. 「안(アン)」をつければ「お好きではありませんか?」とたずねる表現に

「안 좋아하세요?(アン ジョアハセヨ) お好きではありませんか?」と聞かれて答えるときは、シンプルに「좋아해요 好きです / 안 좋아해요(アン ジョアヘヨ) 嫌いです」と答えればOKです。自分のことなので좋아하세요は使いません。

シーン 目上の人に食べ物の好みを聞くとき

😐 **생선 안 좋아하세요?**

センソン　アン ジョアハセヨ

생선：魚　안 좋아하세요：お好きではありませんか

😐 **좋아해요.**

チョアヘヨ

좋아해요：好きです

～(는/은) 별로예요

（ヌン/ウン ピョルロエヨ）

～はいまいちです

그건 별로예요.（クゴン ピョルロエヨ）

それはいまいちです。

※会話では、助詞는/은は省略してOKです。
그건は그것「それ」+은「は」の縮約形です。

1. はっきり悪いとは言えないけれど良いとも思えないときに使える型（パターン）

별로は直訳すると「別に」。基準に達していないと思ったり、肯定的に評価できないときに使える便利な表現です。

例 **그 영화 별로예요.**（ク ヨンファ ピョルロエヨ）
その 映画 いまいちです

例 **이 음악 별로예요.**（イ ウマク ピョルロエヨ）
この 音楽 いまいちです

2.「별로（ピョルロ） 안（アン） そんなに～ではありません」で「YES」と「NO」の中間を表せる

「별로」と「안 좋아해요（アン ジョアヘヨ）好きじゃありません」を一緒に使うと「そんなに好きではありません」という意味になり、好きと嫌いの中間であることを表せます。

例 **생선 별로 안 좋아해요.**（センソン ピョルロ アン ジョアヘヨ）
魚 そんなに 好きではありません

~(는/은) 안 돼요(?)

～はできません(か?)、だめです(か?)

할인 안 돼요.

割引できません。

※会話では、助詞는/은は省略してOKです。

1. 안 돼요で「だめです」と言う型

돼요は「成立します／できます」という意味です。これに否定の「안」がついて「成立しません／できません」、つまり「だめです」という表現になります。疑問文では「できませんか？／だめですか？」もしくは「使えませんか？」と許可を求める表現になります。

例 신용 카드 안 돼요?

クレジットカード　使えませんか

2. 答え方は、OKなら「돼요 できます」、NOなら「안 돼요 できません」

「～안 돼요?」と聞かれたとき、大丈夫なら「돼요」や「괜찮아요(クェンチャナヨ)大丈夫です」(パターン22)、だめなら「안 돼요」と答えます。

シーン スーパーで

면세 안 돼요?

免税　できませんか

안 돼요.

できません

～할 수 있어요(?)

～することができます(か?)

예약할 수 있어요?

予約することができますか?

1. 할 수 있어요は「することができます」の型

할 수 있어요で「～する手段や能力がある」という意味です。疑問文にすれば「할 수 있어요?することができますか？」となり、許可を求める表現としても使えます。

例 **여기서 충전할 수 있어요?**
ここで チャージすることができますか

例 **지금 식사할 수 있어요.**
今 食事することができます

2. 不可能なら「할 수 없어요」

할 수 없어요で「～する手段や能力がない」ことを表します。「～することができません」という意味で使います。また、할 수 없어요だけで「仕方ないです」という慣用句にもなります。

例 **예약할 수 없어요.**
予約することができません

～밖에 없어요(?)

～しかありません(か?)、いません(か?)

이거 밖에 없어요.

これしかありません。

1.「～しかない」と否定する型

밖에は「～しか」という助詞で、うしろには「ない」「できない」などの否定的な表現がきます。밖에 없어요で「～しかありません、～しかいません」という意味です。

例 S석밖에 없어요?
S席しか ありませんか

例 일본 사람밖에 없어요.
日本 人しか いません

2. もう少し何とかしてほしいときには「밖에 안 돼요?」

밖에は「안 돼요？だめですか？」（パターン15）と一緒に使うと、「밖에 안 돼요？～しかだめですか？」という表現になります。やんわりとお願いするような口調で言えば、「もう少しなんとかなりませんか？」というニュアンスにもなります。

例 지금 라면밖에 안 돼요?
今 ラーメンしか できませんか

먼저 ~ 해야 돼요(?)
先に〜しなければなりません（か?）

먼저 청소해야 돼요.
先に掃除しなければなりません。

1. 「しなければなりません」と義務を表す型

먼저は「先に、まず」、해야 돼요は「〜しなければなりません」という意味です。文末に「?」をつけイントネーションを上げれば疑問文にもなります。

例 먼저 예매해야 돼요.
先に　予約（購入）しなければなりません

例 먼저 정리해야 돼요?
先に　整理しなければなりませんか

2. 해야 해요も「〜しなければなりません」という意味で使える

해야 돼요と同じように、해야 해요も「〜しなければなりません」という意味になります。

例 학생은 공부해야 해요.
学生は　勉強しなければなりません

EXERCISE 

WORD

31. 韓国料理、お好きですか?

한국 음식 ______ ?

31. 13
한국 음식=韓国料理

32. 辛い料理、そんなに好きではありません。

매운 음식 ______ 안 좋아해요.

32. 14
매운 음식=辛い食べ物、料理

33. 配達、だめですか?

배달 ______ ?

33. 15
배달=配達

34. ここで両替することができますか?

여기서 환전 ______ ?

34. 16
여기서=ここで
환전=両替

35. 先に受講申し込みしなければなりません。

______ 수강 신청 해야 돼요.

35. 18
수강=受講
신청=申し込み

ハン グ　グム シク　チョ ア ハ セ ヨ

31. 한국 음식 좋아하세요?

韓国　料理　お好きですか

韓国料理は한식（ハンシク）とも。和食は일본 음식（イルボヌムシク）、または일식（イルシク）。中華料理は중국 음식（チュンググムシク）、または중식（チュンシク）。

メ ウン　ヌム シク　ピョル ロ　アン ジョ ア ヘ ヨ

32. 매운 음식 별로 안 좋아해요.

辛い　料理　そんなに　好きではありません

별로はうしろに否定的な言葉がくるときのみ使います。별로 안で「そんなに～ではありません」という意味です。

ペ ダル　アン ドェ ヨ

33. 배달 안 돼요?

配達　だめですか

「안 돼요? だめですか？」は、「돼요? できますか？」よりも切実にたずねている気持ちが伝わる表現です。

ヨ ギ ソ　ファン ジョ ナル ス イッ ソ ヨ

34. 여기서 환전할 수 있어요?

ここで　両替することができますか

환전を「송금（ソングム）送金」「수선（スソン）修繕」「환불（ファンブル）払い戻し」などにいれかえて言ってみましょう。

モン ジョ　ス ガン　シン チョン ヘ ヤ ドェ ヨ

35. 먼저 수강 신청해야 돼요.

先に　受講　申し込みしなければなりません

먼저のほかに「그리고（クリゴ）それから」「마지막으로（マジマグロ）最後に」などを用いると、順序立てて話すことができます。

EXERCISE

WORD

36. 私のこと、お好きですか?

저 ____ ?

37. ピンク色、お好きではありませんか?

분홍색 ____ ?

38. 正直、味はいまいちです。

솔직히 맛은 ____ .

39. 一人ですることができますか?

혼자서 ____ ?

40. 会員しかだめですか?

회원 ____ 안 돼요?

36. 13
저=私、私のこと

37. 13
분홍색=ピンク色

38. 14
솔직히=正直
맛=味

39. 16
혼자서=一人で

40. 17
회원=会員

36. 저 좋아하세요?

チョ　チョ ア ハ セ ヨ

저（私のこと） 좋아하세요（お好きですか）?

ドキッとするような質問ですね。ほかにも「저 배우（チョ ベウ）あの俳優」「저 가수（チョ ガス）あの歌手」などにいれかえて言ってみましょう。

37. 분홍색 안 좋아하세요?

プノンセク　アン ジョア ハ セ ヨ

분홍색（ピンク色） 안 좋아하세요（お好きではありませんか）?

「お好きではありませんか？」とたずねるときは안をつけましょう。色の言い方は次のとおりです。「빨간색（ッパルガンセク）赤」「파란색（パランセク）青」「흰색（ヒンセク）白」「까만색（ッカマンセク）黒」など。

38. 솔직히 맛은 별로예요.

ソルチキ　マスン　ピョルロエヨ

솔직히（正直） 맛은（味は） 별로예요（いまいちです）.

맛은を「분위기는（プニギヌン）雰囲気は」「서비스는（ソビスヌン）サービスは」などにいれかえて言ってみましょう。

39. 혼자서 할 수 있어요?

ホンジャソ　ハル ス イッソヨ

혼자서（一人で） 할 수 있어요（することができますか）?

無理そうなら、있어요を없어요（オプソヨ）にかえて「혼자서 할 수 없어요 一人ですることができません」と答えましょう。

40. 회원밖에 안 돼요?

フェウォンバッケ　アン ドェヨ

회원밖에（会員しか） 안 돼요（だめですか）?

밖에は、パターン15の안 돼요と一緒に使うと、ただの確認のほか、「会員じゃないけど、どうか入れてもらえませんか？」というような、やや押しの強い表現にもなります。

41. 割引、できません。

할인 ＿＿＿＿.

42. このデザイン、いまいちです。

이 디자인 ＿＿＿예요.

43. サイズ、交換することができますか?

사이즈 교환 ＿＿＿＿
＿＿＿?

44. お金が少ししかありません。

돈이 조금 ＿＿＿＿
＿＿.

45. 先にドリンクを注文しなければなりませんか?

＿＿＿ 드링크를 주문
＿＿＿＿?

41. 15
할인＝割引

42. 14
이＝この
디자인＝デザイン

43. 16
사이즈＝サイズ
교환＝交換

44. 17
돈＝お金
조금＝少し

45. 18
드링크＝ドリンク
주문＝注文

41. 할인 안 돼요.

ハリン アン ドェヨ

割引 / できません

韓国では以前、市場で買い物するときなどに値切ることができて、楽しみのひとつだったのですが、最近はあまりできなくなりました。そのかわり「덤（トㇺ）おまけ」をつけてくれたりします。

42. 이 디자인 별로예요.

イ ディジャイン ピョㇽロエヨ

この / デザイン / いまいちです

「이 この」のほかに、「그（ク）その」「저（チョ）その」も合わせて覚えておきましょう。

43. 사이즈 교환할 수 있어요?

サイズ キョファナㇽ ス イッソヨ

サイズ / 交換することができますか

韓国では、靴のサイズにはmmを使います。23.5cmの場合は235、24cmの場合は240と表します。

44. 돈이 조금밖에 없어요.

トニ チョグㇺバッケ オㇷ゚ソヨ

お金が / 少ししか / ありません

昔は、高い店にさそわれて断るときに「1000원밖에 없어요（チョヌォンバッケ オㇷ゚ソヨ）1000ウォンしかありません」と言ったものです。

45. 먼저 드링크를 주문해야 돼요?

モンジョ ドゥリンクルㇽ チュムネヤ ドェヨ

先に / ドリンクを / 注文しなければなりませんか

日本では居酒屋に入るとドリンクから注文しますが、韓国では店によって違うようです。

～가/이 무슨 뜻이에요?

～はなんの意味ですか?

'얼죽아'가 무슨 뜻이에요?

「オルチュガ」はなんの意味ですか?

1. わからない言葉の意味をたずねる型

무슨は「なんの」、뜻は「意味」で、意味をたずねるときに使います。ちなみに「얼죽아」は「凍え死んでもアイスアメリカーノ」を短くした言葉。アイスコーヒーが大好きなことを表します。

例 '혼술'이 무슨 뜻이에요?

「ホンスル」は なんの 意味ですか

例 '악플'이 무슨 뜻이에요?

「アクプル」は なんの 意味ですか

2. 答え方は「(이)라는 뜻이에요 ～という意味です」でOK

라는は「～という」の意味です。直前にくる単語末にパッチムがある場合は、이をつけて이라는と言います。

例 '혼술'은 '혼자 술을 먹기'라는 뜻이에요.

「ホンスル」は 1人 酒を 飲むことという 意味です

例 '악플'은 '악성 reply'라는 뜻이에요.

「アクプル」は 悪性 リプライという 意味です

20 ～에 어떻게 가요?

エ　オットケ　ガヨ

～にどうやって行きますか?

ウネンエ　オットケ　ガヨ

은행에 어떻게 가요?

銀行にどうやって行きますか?

1. 目的地までの行き方をたずねる型（パターン）

어떻게は「どうやって」という意味で、手段や方法をたずねます。目的地までどのような乗り物を使って行くのか、また、どんな道順で行くのか聞きたいときに使います。

例 경복궁에（キョンボックンエ） 어떻게（オットケ） 가요（ガヨ）?
景福宮に　どうやって　行きますか

例 지하철（チハチョル） 역에（リョケ） 어떻게（オットケ） 가요（ガヨ）?
地下鉄　駅に　どうやって　行きますか

2. 答え方は「(으)로 가요～で行きます」

ウロガヨ

どうやって行くのか手段を聞かれたときには、「名詞＋ (으) 로 가요」と答えます。前にくる名詞の語末にパッチムがないとき、ㄹパッチムで終わるときは로、ㄹ以外のパッチムで終わるときは으로を使います。

例 버스로（ポスロ） 가요（ガヨ）.　パッチムなし
バスで　行きます

例 신칸센으로（シンカンセヌロ） 가요（ガヨ）.　パッチムあり
新幹線で　行きます

～는/은 잘 모르겠어요

～はよくわかりません

위치는 잘 모르겠어요.

位置はよくわかりません。

1. 理解できていないことを伝える型

잘は「よく」という意味です。겠は「～そうだ」と想像して話すときに使います。「모르다（モルダ）わからない」という動詞と一緒に用いて、「理解しようと考えても、よくわかりません」「ちゃんと理解できそうにありません」というニュアンスになります。

例 날짜는 잘 모르겠어요.

日にちは よく わかりません

例 내용은 잘 모르겠어요.

内容は よく わかりません

2. よりていねいな「잘 모르겠습니다」

습니다はとてもていねいな言い方で、「～でございます」の意味にあたります。目上の人や初対面の人に自分が理解できていないことを伝えるときには、この表現を使いましょう。

例 잘 모르겠습니다.

よく わかりません

22 ~괜찮아요(?)（クェンチャナヨ）
~大丈夫です(か?)

지금 괜찮아요?（チグム グェンチャナヨ）

今、大丈夫ですか?

1. 問題がないかたずねたり答えたりする型（パターン）

괜찮아요は「大丈夫です」「問題ないです」という意味です。疑問文にすれば、何か問題はないかと聞くことができます。

例 감기（カムギ） 괜찮아요（クェンチャナヨ）? — 괜찮아요（クェンチャナヨ）.

風邪　大丈夫ですか　大丈夫です

2. 感想を聞いたり、さそうときにも使える

괜찮아요は「どうですか?」と相手の感想をたずねるときや、相手をさそうときにも使える便利な型です。

例 음식（ウムシン） 맛（マッ） 괜찮아요（クェンチャナヨ）?

料理(の)　味　いかがですか(=口に合いますか?)

例 삼계탕（サムゲタン）, 괜찮아요（グェンチャナヨ）?

参鶏湯　どうですか(=食べに行きますか?)

괜찮다(クェンチャンタ)には「良い」という意味もあります。たとえば「괜찮은 사람(クェンチャヌン サラㇺ)大丈夫な人」で「なかなかイケてる人」という意味になります。

23 ～해요(?)

ヘヨ

～します(か?)

ネイル チョンソ ヘヨ
내일 청소해요.
明日、掃除します。

1. 現在、未来、進行形の意味で使える型（パターン）

해요は「します」という意味ですが、「～しています」「～する予定です」「いつも～しています」のような意味でも使えます。

文末のイントネーションを上げると、疑問文になります。

例 チグム ショピンヘヨ
지금 쇼핑해요.
今 ショッピングしています

例 ネイル ショピンヘヨ
내일 쇼핑해요? ↗
明日 ショッピングしますか

2. 文末の抑揚によって、さそったり命令する意味にもなる

해요はイントネーションによって勧誘や命令の表現にもなります。勧誘はさそう気持ちを込めて抑揚をつけ、命令はストンと落ちるように言うと、ニュアンスがより伝わりやすいでしょう。

例 カチ ヘヨ
같이 해요. ↗
一緒に しましょう

例 ッパルリ ヘヨ
빨리 해요. ↘
早く してください

24 ～맞아요(?)

～で合ってます(か?)

이 인분, 맞아요?

2人前で合ってますか?

1. 考えや事実が合っているかどうかを相手に確認する型

맞아요は「合っています」という意味ですが、疑問文で使うと「本当に～ですか？」と確認する表現になります。「なんだかちょっと違うなあ」と思ったときや、「嘘でしょ？　信じられない！」と思ったときなど、会話ではたくさん使われます。

例 **여기 한식집 맞아요?**
ここ　韓国料理店　で合ってますか

2. 맞아요 だけで「その通りです」「そうです」

会話では「そう」「その通り！」と相づちを打つときによく使われます。友達同士なら最後の요をとって맞아だけで大丈夫。実際には「マジョヨ」と発音されることも多いです。

シーン 世間話で

요즘 날씨가 이상해요.
最近　天候が　変です

맞아요.
そうですよね

EXERCISE

WORD

46.「クァンクル」はなんの意味ですか?

'광클' 이 무슨 ______ ______ ?

46. 19
광클＝「クァンクル」ものすごいスピードでクリックする

47. 地下鉄で行きます。

지하철 ______ .

47. 20
지하철＝地下鉄

48. 体、大丈夫ですか?

몸 ______ ?

48. 22
몸＝体

49. 名前はよくわかりません。

이름은 ______ .

49. 21
이름＝名前

50. 明洞にどうやって行きますか?

명동에 ______ ______ ?

50. 20
명동＝明洞（地名）

46. '광클' 이 무슨 뜻이에요?

クァン ク　リ　ム スン　ットゥ シ エ ヨ

「クァンクル」は　なんの　意味ですか

광（クァン）は「狂」という漢字からきた語、클（クル）は英語のクリック（Click）からきた語です。광클とは「ものすごいスピードでクリックする」という意味の造語です。

47. 지하철로 가요.

チ ハ チョル ロ　ガ ヨ

地下鉄で　行きます

どうやって行くか聞かれて答えるときは、(으)로 가요を使うのでしたね。지하철は語末にㄹパッチムがあるので、助詞は으로（ウロ）ではなく로を使います。

48. 몸 괜찮아요?

モム　クェン チャ ナ ヨ

体　大丈夫ですか

相手の健康を気づかう表現です。괜찮아요?を目上の人に使うときは「괜찮으세요?（グェンチャヌセヨ）」と言います。

49. 이름은 잘 모르겠어요.

イ ル ムン　チャル モ ル ゲッ ソ ヨ

名前は　よくわかりません

顔は知っているのに名前が浮かばないときに使える表現です。

50. 명동에 어떻게 가요?

ミョンドン エ　オ ット ケ　ガ ヨ

明洞に　どうやって　行きますか

어떻게 가요? は、目的地までの道順や交通手段をたずねる表現です。명동はソウルの繁華街。グルメやファッション、エステなどを楽しめます。

51. 詳しい内容はよくわかりません。

자세한 내용은 ＿＿＿＿ ＿＿＿＿.

52.「クルティプ」はなんの意味ですか?

'꿀팁' 이 ＿＿＿＿ ＿＿＿＿?

53. 一緒に料理しましょう。

같이 요리 ＿＿＿＿.

54. 領収書は大丈夫です。

영수증은 ＿＿＿＿.

55. これ、お客様のもので合ってますか?

이거 손님 거 ＿＿＿＿?

51. 21
자세한 내용＝詳しい内容

52. 19
꿀팁＝「クルティプ」役立つ情報、ヒント

53. 23
같이＝一緒に
요리＝料理

54. 22
영수증＝領収書

55. 24
이거＝これ
손님＝お客様
거＝もの

名詞などにつくグループ

チャ セ ハン　ネ ヨン ウン　チャル　モ ル ゲッ ソ ヨ

51. 자세한 내용은 잘 모르겠어요.

詳しい　内容は　よく　わかりません

내용は語末にパッチムがあるので、助詞は은を使います。자세한は、「자세하다（チャセハダ）詳しい」という形容詞が名詞の前にくるときの形です。

ックル ティ　ビ　ム スン　ットゥ シ エ ヨ

52. '꿀팁' 이 무슨 뜻이에요?

「クルティプ」は　なんの　意味ですか

「꿀（ックル）ハチミツ」は、とても良いことの意味で使います。Tipを意味する팁（ティプ）をつけた꿀팁は、「役立つ情報、ヒント」という言葉として定着しました。

カ チ　ヨ リ ヘ ヨ

53. 같이 요리해요.

一緒に　料理しましょう

「요리 料理」＋「하다（ハダ）する」で「料理する」の意味になります。운동（ウンドン）＋하다で「運動する」、독서（トクソ）＋하다で「読書する」。

ヨン ス ジュン ウン　クェン チャ ナ ヨ

54. 영수증은 괜찮아요.

領収書は　大丈夫です

ここでの괜찮아요は「結構です、いりません」という意味です。

イ ゴ　ソン ニム　コ　マ ジャ ヨ

55. 이거 손님 거 맞아요?

これ　お客様　もの　で合ってますか

손님 거で「お客様のもの」という意味です。「～の」にあたる助詞の의（エ）は前に人がくるとき省略します。

WORD

56. 明日、衣替えします。

내일 옷장 정리 ______ .

57. そうです。私のものです。

______ . 제 거예요 .

58. 一緒に大掃除しましょう。

______ 대청소 ______ .

59. この住所で合ってますか?

이 주소, ______ ?

60. 塩加減、大丈夫ですか?

간 ______ ?

56. 23
옷장 정리＝洋服ダンスの整理、衣替え

57. 24
제 거＝私のもの。제は「저의（私の）」の縮約形。

58. 23
一緒に＝71ページ
대청소＝大掃除

59. 24
이＝この
주소＝住所

60. 22
간＝塩加減

56. 내일 옷장 정리 해요.

ネイル オッチャン ジョンニ ヘヨ

내일：明日　옷장 정리：衣替え　해요：します

옷장 정리は「옷장 タンス」「정리 整理」という2つの言葉からできています。季節の変わり目に使いたくなる表現ですね。

57. 맞아요. 제 거예요.

マジャヨ チェ コエヨ

맞아요：そうです　제：私の　거예요：ものです

제 거예요は、たとえば、自分のものをほかの人が取り間違えたときに使えるフレーズです。

58. 같이 대청소 해요.

カチ テチョンソ ヘヨ

같이：一緒に　대청소：大掃除　해요：しましょう

この文章での해요は、「しましょう」と相手をさそうニュアンスで使われています。

59. 이 주소, 맞아요?

イ ジュソ マジャヨ

이：この　주소：住所　맞아요：で合ってますか

「はい、合ってます」と答えるときは네, 맞아요（ネ マジャヨ）と言えばOKです。

60. 간 괜찮아요?

カン クェンチャナヨ

간：塩加減　괜찮아요：大丈夫ですか

塩加減がよくておいしいときは、「간이 맞아요（カニ マジャヨ）」と言います。

COLUMN

韓国では生まれたときに1歳になる!?

韓国では、「数え年」という年齢の数え方があります。これは生まれたときを1歳として、そのあとは1月1日のタイミングで1歳ずつ年を取る計算方法です。たとえば、12月30日に生まれた赤ちゃんは、生まれたときが1歳で、2日後の1月1日には2歳になるのです。日本では次の誕生日がくるまでは0歳ですから、同じ誕生日で生まれたとしても最大2歳の差があることになります。

また、「成人のあかし」ともいえるお酒やたばこも、日本と違って数えの20歳(満19歳)から購入可能です。そのため、新年が明けるとすぐにやってくる高校の卒業式では、同級生がそろってお酒を飲みに行くというイベントもよくあります。

ところで最近はアンチエイジングの考え方が浸透してきたせいか、数え年より概して1歳若くなる「満年齢」で自分の年を言う人も多いようです。このような混乱は韓国社会でも問題視されていたらしく、2023年から、公式の場では満年齢で統一するという法律が施行されました。しかし、これまで数え年で生きてきた人は、自分の年齢をどう言えばいいのかとまどいもあるようで、非公式な場では、そう簡単に数え年がなくなることはなさそうです。

活用グループ1

語末の다をとってから、型をつけるグループです。

韓国語の動詞や形容詞などは、すべて「다」で終わります。

行く

活用グループ1は、語末の다をとって、語幹にそのまま型をつければOKです。

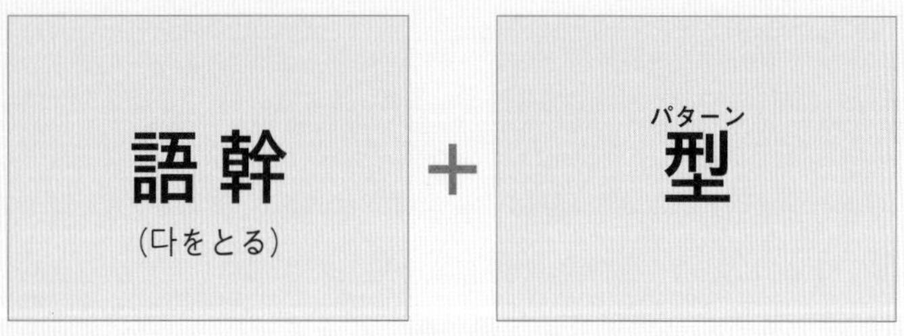

例

고 싶어요（コ シポ ヨ） **〜たいです**（パターン25）

앉다（アンタ）（座る）

➡ 앉 + 고 싶어요 ➡ 앉고 싶어요（アンコ シポ ヨ）（座りたいです）

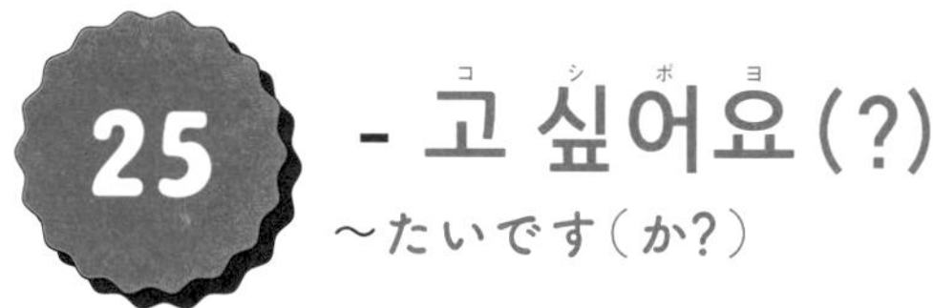

スィ ゴ シ ポ ヨ
쉬고 싶어요.
休みたいです。

1. 自分の要求を伝える型（パターン）

고 싶어요は「したいです」という意味で、自分の要求をストレートに表現する型です。動詞の語幹（語末の다をとったもの）につけるだけなので簡単に作れますが、発音には注意が必要。ㄹ以外のパッチムのあとは「コシポヨ」、パッチムなしとㄹパッチムのあとは「ゴシポヨ」と濁ります。

例 사고 싶어요.（サゴ シポヨ）
買いたいです

例 순두부 먹고 싶어요.（スンドゥブ モッコ シポヨ）
スンドゥブ 食べたいです

2. 보고 싶어요（ポゴ シポヨ） は「会いたいです」

보다（ポダ）は「見る」という意味なのですが、보고 싶어요は「見たいです」のほかに「会いたいです」という意味にもなります。「顔が見たい」というニュアンスです。「만나다（マンナダ）会う」を使って만나고 싶어요（マンナゴ シポヨ）と言うと、「何か用件があるので会いたい」という表現になります。

休む＝쉬다　買う＝사다　食べる＝먹다

26 -지 마세요（チ マセヨ）
～しないでください

울지 마세요.（ウルジ マセヨ）
泣かないでください。

1. 命令形でもていねいなニュアンスでやめてほしいことを伝える型（パターン）

지 마세요は「～なさらないでください」という敬語の命令形で、相手の行動をやめてもらいたいときに使う表現です。

例 **하지 마세요.**（ハジ マセヨ）
しないでください

例 **걱정하지 마세요.**（コㇰチョンハジ マセヨ）
心配なさらないでください

2. もっと強く言いたいときは「-지 마요（チ マヨ）～しないで」「-지 마（チ マ）～するな」

より直接的な訴え方で、その行動を強くやめさせたいときには、「지 마요～しないで」という言い方もあります。지 마요の요を取ると지 마「～するな」という強い口調のためぐちになります。

例 **오지 마요.**（オジ マヨ）
来ないで

泣く＝울다　する＝하다　心配する＝걱정하다　来る＝오다

지금 -고 있어요
今、〜ています

지금 요리하고 있어요.
今、料理しています。

1. 今、進行している動作を言う型

고 있어요は「〜しています」という意味で、その動作が進行していることや習慣的にやっていることを表します。「지금 今」をつけると、まさしく今、その行動をやっていることが伝わりますね。

例 **지금 계산하고 있어요.**
今 計算しています（＝会計しています）

2. 해요と하고 있어요との使い分け

해요（パターン23）と하고 있어요はどちらも「しています」という意味です。しかし、해요は未来形の意味にもなるため、これからやることなのか、今やっていることなのか、あいまいなときもあります。「まさしく今〜しているところです」と進行の状況をイキイキと相手に伝えたいときには、하고 있어요を使います。

例 **지금 하고 있어요.**
今 やっています

例 **지금 해요.**
今 やります、やっています

料理する＝요리하다　**計算する**＝계산하다

28 -거든요（コドゥンニョ）

～なんです（よね）

이 드라마가 재미있거든요.（イ ドゥラマガ チェミイッコドゥンニョ）

このドラマがおもしろいんですよね。

1. 理由や根拠を気軽に話す型（パターン）

거든요は「～なんです（よね）」と自分の行動や考えの理由や根拠を話す型です。前にそのまま名詞を入れることもできますが、名詞末にパッチムがあるときは이をつけて이거든요となります。

かしこまったていねいな表現ではないので、気軽に話せる関係の人に対して使います。また、「～なんです。と言うのも…」と、これから話す話題の前置きとしても使えます。

例 **이 노래 제일 좋아하거든요.**（イ ノレ チェイル チョアハゴドゥンニョ）
この／歌／いちばん／好きなんですよね

例 **오늘 생일이거든요.**（オヌル センイリゴドゥンニョ）
今日／誕生日なんです

2. 最近では自分の主張を強く言う表現にも

最近になって「～なんだから（仕方ないでしょう）」と、強い口調で理由を言うニュアンスでも使われるようになりました。とくに若い人の間でよく使われます。

例 **됐거든요.**（トェッコドゥンニョ）
大丈夫なんです（＝放っておいてください）

おもしろい＝재미있다　好きだ＝좋아하다　大丈夫だ＝되다

ウェ ニャ ハ ミョン キ ッテ ム ニ エ ヨ

왜냐하면 -기 때문이에요

なぜなら～からです

ウェニャハミョン サランハ ギ ッテム ニ エ ヨ

왜냐하면 사랑하기 때문이에요.

なぜなら愛しているからです。

1. 理由をていねいに表す型（パターン）

기 때문이에요はパターン28の거든요よりもう少し固い表現で、初対面や目上の人に理由を述べるときに使います。「왜냐하면 なぜなら」と一緒に使うとよりわかりやすくなります。名詞を入れることもでき、名詞の単語末にパッチムがあるときは이を入れます。

例 왜냐하면（ウェニャハミョン） 내일은（ネイルン） 바쁘기 때문이에요（パップギ ッテムニエヨ）.

なぜなら　明日は　忙しいからです

例 왜냐하면（ウェニャハミョン） 공사 중이기 때문이에요（コンサ ジュンイギ ッテムニエヨ）.

なぜなら　工事中だからです

2.「名詞＋때문이에요（ッテムニエヨ）」だと「～のせいです」

名詞のあとに때문이에요をつけると「～のせいです」という意味になります。名詞末のパッチムのありなしに関係なくつけられます。이에요の代わりに이야（イヤ）を使うとためぐちの表現になります。

例 태풍（テプン） 때문이에요（ッテムニエヨ）.

台風　のせいです

例 다（タ） 너（ノ） 때문이야（ッテムニヤ）.

全部　お前　のせいだ

愛している＝사랑하다　忙しい＝바쁘다

活用グループ 1

30 같이 -자（カチ -チャ）
一緒に ～よう

같이 먹자.（カチ モㇰチャ）
一緒に食べよう。

1. 気軽にさそう型（パターン）

자は、ためぐちで話せるような気楽な関係で、一緒に何かをしたいときにさそう表現です。같이は[가치（カチ）]と発音します。다 같이（タ カチ）「みんな一緒に」という言い方もあります。

例 같이 가자.（カチ カジャ）
一緒に 行こう

例 다 같이 찍자.（タ カチ ッチㇰチャ）
みんな 一緒に 撮ろう

2. 書き言葉で使われる함께（ハムッケ）

같이に似たものに함께という言い方もあります。これはていねいな表現で「ともに」とか「ご一緒に」のようなニュアンスです。助詞の「～と」にあたる「와 / 과（ワ／クァ）」をつけて「名詞＋와 / 과 함께 とともに」という形でよく使われます。

例 그녀와 함께 춤을 추세요.（クニョワ ハムッケ チュムル チュセヨ）
彼女と 一緒に 踊ってください

例 바람과 함께 사라지다（パラムグァ ハムッケ サラジダ）
風と 共に 去りぬ（映画のタイトル）

行く＝가다　撮る＝찍다　（踊りを）踊る＝춤을 추다　去る＝사라지다

61. 今日は冷麺が食べたいです。

오늘은 냉면이 먹 ______ .

62. あきらめないでください。

포기하 ______ .

63. 今、アルバイトしています。

지금 아르바이트 ______ ______ .

64. これすごく高カロリーなんですよ。

이거 무지 고칼로리 ______ .

65. 一緒に歌おう!

______ 노래하자!

61. 25
오늘＝今日
냉면＝冷麺
食べる＝먹다

62. 26
포기하다＝あきらめる

63. 27
アルバイトする＝아르바이트하다

64. 28
이거＝これ
무지＝すごく
고칼로리＝高カロリー

65. 30
노래하다＝歌う

オ ヌ ルン ネン ミョ ニ モッ コ シ ポ ヨ

61. 오늘은 냉면이 먹고 싶어요.

今日は　冷麺が　食べたいです

何かが無性に食べたいときは먹고 싶어요の代わりに땡겨요（ッテンギョヨ）を使うとネイティブ度がぐっと上がります。

ポ ギ ハ ジ マ セ ヨ

62. 포기하지 마세요.

あきらめないでください

落ち込んでいる人には「고민하지 마세요（コミナジ マセヨ）悩まないでください」という表現もあります。

チ グム ア ル バ イ トゥ ハ ゴ イッ ソ ヨ

63. 지금 아르바이트하고 있어요.

今　アルバイトしています

지금 -고 있어요は「今取り込み中で、ほかのことにかかわる暇がない」という場合にも使えます。

イ ゴ ム ジ コ カル ロ リ ゴ ドゥン ニョ

64. 이거 무지 고칼로리거든요.

これ　すごく　高カロリーなんですよ

거든요は前にそのまま名詞を入れることもできるんでしたね。고칼로리という単語末にパッチムがないので이が省略されています。

カ チ ノ レ ハ ジャ

65. 같이 노래하자!

一緒に　歌おう

ほかにも「춤추다（チュムチュダ）踊る」「연습하다（ヨンスパダ）練習する」などの単語にいれかえて言ってみましょう。

66. 今、ダイエットしています。

　　　 다이어트하고 있어요.

67. からかわないでください。

놀리　　　　.

68. 名前をご存じないんですよね。

이름을 모르시　　　　.

69. 何、したいですか?

뭐　　　　?

70. なぜなら土曜日だからです。

왜냐하면 토요일이기　　　　.

66. 27
다이어트하다＝ダイエットする

67. 26
놀리다＝からかう

68. 28
이름＝名前
모르시다＝ご存じない（敬語）

69. 25
뭐＝何

70. 29
토요일＝土曜日
이다＝〜だ

チ グム タ イ オ トゥ ハ ゴ イッ ソ ヨ
66. 지금 다이어트하고 있어요.

今　ダイエットしています

지금の代わりに요즘（ヨジュム）を用いると、「最近、習慣的に繰り返し行っている」という意味になります。

ノル リ ジ マ セ ヨ
67. 놀리지 마세요.

からかわないでください

冗談が過ぎる人にはこの一言！

イ ル ムル モ ル シ ゴ ドゥン ニョ
68. 이름을 모르시거든요.

名前を　ご存じないんですよね

これはBTSのシュガーがまだ新人の頃、名前入りのTシャツを着ているわけを説明するときに使ったセリフで「監督が僕たちの名前をご存じないんですよ」。

ムォ ハ ゴ シ ポ ヨ
69. 뭐 하고 싶어요?

何　したいですか

友達に観光案内をする際など、相手の希望を聞く必要があるときに使ってみましょう。

ウェ ニャ ハ ミョン ト ヨ イ リ ギ ッテ ム ニ エ ヨ
70. 왜냐하면 토요일이기 때문이에요.

なぜなら　土曜日だからです

たとえば、街が人で混雑している理由を聞かれたときの答え方です。

71. 今、ぼーっとしています。

지금 멍때리 ＿＿＿＿ .

72. 先生になりたいです。

선생님이 되 ＿＿＿＿ .

73. 歌詞が美しいんです。

가사가 아름답 ＿＿＿＿ .

74. なぜなら発音が難しいからです。

＿＿＿＿ 발음이
＿＿＿＿ .

75. 一緒に飲もう!

같이 ＿＿＿＿ !

71. 27
ぼーっとする＝멍때리다

72. 25
선생님이 되다＝先生になる

73. 28
가사＝歌詞
아름답다＝美しい

74. 29
발음＝発音
難しい＝어렵다

75. 30
飲む＝마시다

チ　グム　モンッテリゴ　イッソヨ
71. 지금 멍때리고 있어요.

今　ぼーっとしています

멍때리다（モンッテリダ）は若者言葉です。

ソンセンニミ　トェゴ　シポヨ
72. 선생님이 되고 싶어요.

先生に　なりたいです

「～になる」は가/이 되다（カ/イドェダ）と言います。「선생님 先生」のように名詞末にパッチムがあるときは이 되다、「가수（カス）歌手」のように名詞末にパッチムがないときは가 되다がつきます。

カサガ　アルムダプコドゥンニョ
73. 가사가 아름답거든요.

歌詞が　美しいんです

가사の代わりに「안무（アンム）振り付け」や「목소리（モクソリ）声」などをいれかえて言ってみましょう。

ウェニャハミョン　パルミ　オリョプキ　ッテムニエヨ
74. 왜냐하면 발음이 어렵기 때문이에요.

なぜなら　発音が　難しいからです

「발음（パルム）発音」に助詞の이がついて「발음이」となります。韓国語の難しさが発音だと思ったら言ってみましょう。

カチ　マシジャ
75. 같이 마시자!

一緒に　飲もう

動詞の語幹に자をつけるだけでいいので、友達を何かにさそうときは、ぜひこの表現を使ってみてください。

ソン ッシッコ オ セ ヨ
손 씻고 오세요.
手を洗ってからいらしてください。

1. 「～してから来てください」と言う型(パターン)

고 오세요は敬語を含んだていねいな命令形です。相手のためにその動作をうながすときに使われます。この表現は主に「待っているので～してきてください」というような状況で使います。

例 **점심(チョムシム) 먹고(モッコ) 오세요(オセヨ).**
昼食　食べてから　いらしてください（昼食を食べてきてください）

例 **계산하고(ケサナゴ) 오세요(オセヨ).**
会計してから　いらしてください（会計してきてください）

2. -고(コ)には「～してから」の意味がある

고は日本語の「～て／で」にあたる接続語尾です。「動詞①＋고＋動詞②」と言うと、動作の順序（①→②）を伝えることができます。

例 **샤워하고(シャウォハゴ) 드라마(ドゥラマ) 봐요(ポァヨ).**
シャワーしてから①　ドラマ②　見ます

①シャワーする
↓
②ドラマを見る

洗う＝씻다　シャワーする＝샤워하다

-기 시작했어요（キ シジャケッソヨ）

～し始めました

비가 내리기 시작했어요.（ピガ ネリギ シジャケッソヨ）

雨が降り始めました。

1. 始まったことを知らせる型（パターン）

기は、動詞や形容詞の語幹につくと、「～すること」「～なこと」という意味になります。기 시작했어요で「～することを始めました」つまり、「～し始めました」になります。

例 **한국어 공부하기 시작했어요.**（ハングゴ コンブハギ シジャケッソヨ）
韓国語　勉強し始めました

例 **벚꽃이 피기 시작했어요.**（ポッコチ ピギ シジャケッソヨ）
桜の花が　咲き始めました

2.「名詞＋시작했어요（シジャケッソヨ）」で「～始めました」

名詞のあとにつくときは、기をとった시작했어요を使います。新メニューを伝えるときなどに使えます。

例 **냉면 시작했어요.**（ネンミョン シジャケッソヨ）
冷麺　始めました

例 **한국어 공부 시작했어요.**（ハングゴ コンブ シジャケッソヨ）
韓国語　勉強　始めました

降る＝내리다　**勉強する**＝공부하다　**咲く**＝피다

-기 전에 -하고 싶어요(?)

キ ジョ ネ ハ ゴ シ ポ ヨ

～する前に～したいです(か?)

チョロパギ ジョネ ムォ ハゴ シポヨ
졸업하기 전에 뭐 하고 싶어요?
卒業する前に何したいですか?

1. やっておきたいことをたずねる型（パターン）

パターン25の「고 싶어요 ～たいです」に「기 전에 する前に」という語句を組み合わせた型です。기 전에の前には動詞の語幹を入れ、하고 싶어요の前には名詞を入れましょう。

例 イルボネ トラガギ ジョネ ムォ ハゴ シポヨ
일본에 돌아가기 전에 뭐 하고 싶어요?
日本に／帰る前に／何／したいですか

例 チョニョク モッキ ジョネ ショピンハゴ シポヨ
저녁 먹기 전에 쇼핑하고 싶어요.
夕飯／食べる前に／ショッピングしたいです

2. 時間の前後を表す전에（チョネ）と후에（フエ）

전（チョン）は「前」、후（フ）は「うしろ」の意味です。これに助詞の에がついて「전에 前に」「후에 あとに」という意味になります。

場所の前後を表すときには、「앞에（アペ）前に」「뒤에（ドゥィエ）うしろに」と言います。

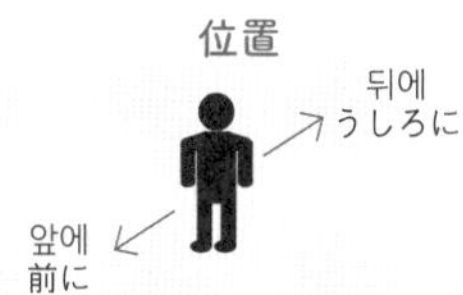

卒業する＝졸업하다　帰る＝돌아가다

活用グループ 1

-게 됐어요

ケ ドェッ ソ ヨ

～ようになりました、～ことになりました

ソ ウル ロ イ サ ハ ゲ ドェッ ソ ヨ
서울로 이사하게 됐어요.
ソウルに引っ越すことになりました。

1. なりゆきや変化を知らせる型（パターン）

「～ことになりました」「～ようになりました」は、意図していないけれど結果的にそうなったことや、そのような変化が起きたことを表す型です。

例 그（ク） 사람하고（サラマゴ） 결혼하게 됐어요（キョロナゲドェッソヨ）.
その／人と／結婚することになりました

例 한국（ハングㇰ） 드라마를（トゥラマルㇽ） 보게 됐어요（ボゲドェッソヨ）.
韓国／ドラマを／見るようになりました

2. 形容詞につける場合は-아（ア） / 어졌어요（オジョッソヨ）

形容詞には、語幹に아 / 어졌어요をつけます。たとえば「좋다（チョタ）いい」「늦다（ヌッタ）遅い」は「좋아졌어요（チョアジョッソヨ）よくなりました」「늦어졌어요（ヌジョジョッソヨ）遅くなりました」と表現します（活用グループ3）。

引っ越す＝이사하다　結婚する＝결혼하다　見る＝보다

35 -겠어요（ケッソヨ）
～そうです（ね）

맛있겠어요.（マシッケッソヨ）
おいしそうですね。

1. 想像した気持ちを知らせる型（パターン）

겠어요は「～のようです」「～そうです」「～みたいです」と、頭の中で想像して話す表現です。とても感動したり期待したりしている気持ちや、相手の気持ちに配慮した思いやりなども表せます。

例 피곤하겠어요.（ピゴナゲッソヨ）
疲れるでしょうね

例 기분이（キブニ） 좋겠어요.（チョケッソヨ）
気分が　よさそうですね

2. -겠다（ケッタ）で「～そう！／～みたい！」と独り言のように感動する

겠다は、頭の中で想像したことを独り言のように言う表現です。

例 좋겠다!（チョケッタ）
いいなあ

例 재미있겠다!（チェミイッケッタ）
おもしろそう

おいしい＝맛있다　疲れている＝피곤하다　いい＝좋다

36 -잖아요（チャナヨ）

～じゃないですか

너무하잖아요.（ノムハジャナヨ）

ひどいじゃないですか。

1.「～じゃないですか」と同意を求める型（パターン）

잖아요は、「지 않아요（チ アナヨ）ではないですか」が縮約された形で、「～じゃないですか、そうでしょう？」と相手に反語調で同意を求める表現です。文末の요を取ればためぐちになり、「～じゃん」というような言い方ができます。

前に名詞を入れるときは이잖아요（イジャナヨ）となりますが、名詞末にパッチムがないときは이を省略できます。

例 호텔은（ホテルン） 비싸잖아요.（ピッサジャナヨ）
ホテルは 高いじゃないですか

例 내일（ネイル） 일요일이잖아.（イリョイリジャナ）
明日 日曜日じゃん（＝だよね）

2. 있잖아요（イッチャナヨ）で「あのう…」

있잖아요は直訳すると「あるじゃないですか」という意味ですが、話を始める前に相手の注意を引く表現になります。

例 시간（シガン） 괜찮아요?（クェンチャナヨ） 있잖아요…（イッチャナヨ）
時間 大丈夫ですか あのですね

ひどい＝너무하다　高い＝비싸다

WORD

76. 掃除を終わらせてからいらしてください。

청소를 끝내고 ＿＿＿＿.

76. 31
청소＝掃除
끝내다＝終わらせる

77. 紅葉し始めました。

단풍이 들＿＿＿＿.

77. 32
紅葉する＝단풍이 들다

78. 夏が来る前にダイエットしたいです。

여름이 ＿＿＿＿
다이어트하고 싶어요.

78. 33
여름＝夏
来る＝오다
다이어트하다＝ダイエットする

79. 韓国ミュージカルを好きになりました。

한국 뮤지컬을 좋아하
＿＿＿＿.

79. 34
한국＝韓国
뮤지컬＝ミュージカル
좋아하다＝好む、好きだ（動詞）

80. 今日、祝日じゃないですか。

오늘 공휴일＿＿＿＿.

80. 36
오늘＝今日
공휴일＝祝日

チョン ソ ルル ックン ネ ゴ オ セ ヨ

76. 청소를 끝내고 오세요.

掃除を　終わらせてから　いらしてください

오세요の代わりに「가세요（カセヨ）行ってください」を入れて「청소를 끝내고 가세요（チョンソルル ックンネゴ カセヨ）掃除を終わらせてから行ってください」と言うこともできます。

タン プン イ ドゥル ギ シ ジャ ケッ ソ ヨ

77. 단풍이 들기 시작했어요.

紅葉が　染まり始めました

단풍で「紅葉」、들다で「色に染まる」という意味です。

ヨ ル ミ オ ギ ジョ ネ タ イ オ トゥ ハ ゴ シ ポ ヨ

78. 여름이 오기 전에 다이어트하고 싶어요.

夏が　来る前に　ダイエットしたいです

四季は「봄（ポム）春」「여름（ヨルム）夏」「가을（カウル）秋」「겨울（キョウル）冬」と言います。「春夏秋冬」は춘하추동（チュナチュドン）と言います。

ハン グン ミュ ジ コ ルル チョ ア ハ ゲ ドェッ ソ ヨ

79. 한국 뮤지컬을 좋아하게 됐어요.

韓国　ミュージカルを　好きになりました

韓国ミュージカルはレベルが高いと言われています。歌はもちろんのこと演技もうまく、つい何度も見ることになりそうです。

オ ヌル コン ヒュ イ リ ジャ ナ ヨ

80. 오늘 공휴일이잖아요.

今日　祝日じゃないですか

잖아요は前に名詞を入れることもできるのでしたね。공휴일は語末にパッチムがあるので이をつけます。잖아요は相手に気づかせる表現にもなります。

81. デパートは高いじゃん。

백화점은 비싸＿＿＿＿.

82. ジムに通い始めました。

헬스장에 ＿＿＿＿ 시작했어요.

83. 卒業する前に告白したいです。

졸업하＿＿＿＿ 고백하고 싶어요.

84. 留学することになりました。

유학하게 ＿＿＿＿.

85. ソウルは最近、寒そうですね。

서울은 요즘 ＿＿＿＿.

WORD

81. 36
백화점＝デパート
비싸다＝（値段が）高い

82. 32
헬스장＝ジム
通う＝다니다

83. 33
졸업하다＝卒業する
고백하다＝告白する

84. 34
유학하다＝留学する

85. 35
서울＝ソウル
요즘＝最近
寒い＝춥다

ペ　クァ　ジョ　ムン　　ピ　ッサ　ジャ　ナ
81. 백화점은 비싸잖아.

デパートは　　高いじゃん

ためぐちで言うときは요(ヨ)をとるんでしたね。おしゃれで手頃な物を買いたいときは市場に行ってみましょう。

ヘル　ス　ジャン　エ　　タ　ニ　ギ　　シ　ジャ　ケッ　ソ　ヨ
82. 헬스장에 다니기 시작했어요.

ジムに　　通い始めました

헬스장を「요리 교실(ヨリ ギョシル)料理教室」「요가 교실(ヨガ ギョシル)ヨガ教室」などにいれかえて言ってみましょう。

チョ　ロ　パ　ギ　ジョ　ネ　　コ　ベ　カ　ゴ　　シ　ポ　ヨ
83. 졸업하기 전에 고백하고 싶어요.

卒業する前に　　告白したいです

韓国は小・中・高校は日本と同じく6・3・3制ですが、卒業式は12〜2月に行われ、新学期は3月から始まります。

ユ　ハ　カ　ゲ　　ドェッ　ソ　ヨ
84. 유학하게 됐어요.

留学することになりました

韓国に留学するには、留学ビザが必要です。語学力をつけるために語学堂（大学付属の語学研修機関）で勉強してから大学へ行くことも多いようです。

ソ　ウ　ルン　　ヨ　ジュム　　チュプ　ケッ　ソ　ヨ
85. 서울은 요즘 춥겠어요.

ソウルは　　最近　　寒そうですね

ニュースなどで映像を見たりして、寒そうだと想像しています。춥다（チュプタ）のほか「덥다（トプタ）暑い」「시원하다（シウォナダ）涼しい」「따뜻하다（ッタットゥタダ）暖かい」などにも使えます。

EXERCISE

WORD

86. 冷やし中華、始めました。

중화 냉면 ＿＿＿＿＿.

87. 食事してからいらしてください。

＿＿＿＿＿고 오세요.

88. 死ぬ前に絶対したいです。

＿＿＿＿＿ 꼭 하고 싶어요.

89. おいしそう!

＿＿＿＿＿!

90. 私、もともと性格が悪いじゃないですか。

나 원래 성격이 ＿＿＿＿＿.

86. 32
중화 냉면＝冷やし中華

87. 31
食事する＝식사하다

88. 33
死ぬ＝죽다
꼭＝必ず、絶対

89. 35
おいしい＝맛있다

90. 36
원래＝もともと
성격＝性格
悪い＝나쁘다

チュンファ　ネンミョン　シジャケッソヨ

86. 중화 냉면 시작했어요.

冷やし中華　始めました

名詞には기（キ）をとった시작했어요がつくんでしたね。「冷やし中華」は、日本語を使った「히야시츄카（ヒヤシチュカ）ヒヤシ中華」「냉라면（ネンラミョン）冷ラーメン」などとも呼ばれます。

シクサハゴ　オセヨ

87. 식사하고 오세요.

食事してからいらしてください

来客に「食べてから行ってください」と言いたいときは식사하고 가세요（シクサハゴ カセヨ）。

チュッキ　チョネ　ッコッ　カゴ　シポヨ

88. 죽기 전에 꼭 하고 싶어요.

死ぬ前に　絶対　したいです

「死ぬ前にやりたいことリスト」は버킷리스트（ポキッリストゥ）と言います。

マシッケッタ

89. 맛있겠다!

おいしそう

見た目だけで「おいしそう」と言うときのフレーズ。겠다を使うと、独り言のように感動をイキイキと言うことができます。食べてみて「おいしいです」と言うときは맛있어요（マシッソヨ）です。

ナ　ウォルレ　ソンキョギ　ナップジャナヨ

90. 나 원래 성격이 나쁘잖아요.

私　もともと　性格が　悪いじゃないですか

「私が性格悪いのはご存じでしょう？」という意味です。

37 -네요（ネヨ）

～ですねえ

ナルッシガ チュムネヨ
날씨가 춥네요.
（天気が）寒いですねえ。

1. 自分の感動や共感を示す型（パターン）

네요は、動詞や形容詞の語幹につくと「～ですねえ」「～ですよねえ」という意味になります。自分の感動や感想を伝え、その気持ちを共有したいときなどに使われます。前にそのまま名詞を入れることができますが、名詞末にパッチムがあるときは이をつけて이네요（イネヨ）となります。

例 キリ ポㇰチャバネヨ
길이 복잡하네요.
道が 混んでいますねえ

例 ポルッソ ポミネヨ
벌써 봄이네요.
もう 春ですねえ

2. -네（ネ）で予期せぬ「新鮮な驚き」も表せる

요をとると、独り言のように発せられる驚きの表現になります。「予想していないこと」に使われるため、驚いた気持ちがイキイキと伝わります。

例 オ サラミ マンネ
어, 사람이 많네.
あれ 人が 多いな

寒い＝춥다　混雑している＝복잡하다　多い＝많다

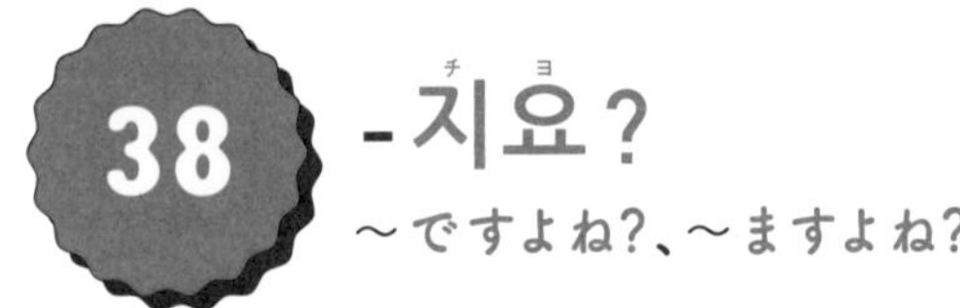

38 -지요?（チヨ）

～ですよね?、～ますよね?

무지 간단하지요?（ムジ カンタナジヨ）
とても簡単ですよね?

1. 相手に念押し・確認する型（パターン）

지요は、動詞や形容詞の語幹につくと「～ですよね？」「～でしょう？」と自分の考えを相手に確認する意味になります。前に名詞を入れるときは이지요（イジヨ）となります。名詞末にパッチムがないときは이は省略できます。

話し言葉では지요が縮まって죠？（チョ）になることもよくあります。지요？のほうが少しだけていねいな言い方です。

例 준수 씨, 맞지요?（チュンス ッシ、マッチヨ）
ジュンス さん 合ってますよね（=ですよね?）

例 공연은 내일이지요?（コンヨヌン ネイリジヨ）
公演は 明日ですよね

2. 疑問詞をつけるとていねいになる

「いつ」「どこ」「だれ」「いくら」などの疑問詞（204ページ）と一緒に使うと、「～でしょう（か）？」というていねいな聞き方になります。

例 이거, 얼마지요?（イゴ、オルマジヨ）
これ いくらでしょう（か）

簡単だ＝간단하다　合う、正しい＝맞다

39 너무 -지 않아요?

ノム チ アナヨ

とても～ではありませんか?

너무 어렵지 않아요?

ノム オリョプチ アナヨ

とても難しくありませんか?

1. 相手の考えをたずねる型(パターン)

「とても～ではありませんか」とたずねながら、「～すぎませんか？」「とても～ですよね？」と相手の考えをたしかめる意味になります。

例 너무 화려하지 않아요?

ノム ファリョハジ アナヨ

とても 派手ではありませんか(=派手すぎませんか?)

例 너무 예쁘지 않아요?

ノム イェップジ アナヨ

とても きれいではありませんか(=きれいですよね?)

2. 지 않아요 と 잖아요 のちがい

チ アナヨ　チャナヨ

パターン36で紹介した잖아요？は、「～じゃないですか、そうでしょう？」という意味で、自分の意見を相手に同意させようとする感じがあります。一方、지 않아요？は「～ではありませんか、そうは思いませんか？」と、自分の考えを言いながらも、もう少し相手の意見を聞こうとするニュアンスが感じられます。

ふきだし内の例文と比べてみましょう。

例 너무 어렵잖아요.

ノム オリョッチャナヨ

とても 難しいじゃないですか(=難しいでしょう?)

難しい＝어렵다　派手だ、華やかだ＝화려하다　きれいだ＝예쁘다

여기서 가깝다고요?

ここから近いんですか?

1. よく聞こえなかった言葉を聞き返す型

形容詞について、相手の言葉がよく聞き取れなかったとき、もう一度聞き返す型です。形容詞には다고요?（タゴヨ）、語末にパッチムがない名詞には라고요?（ラゴヨ）、語末にパッチムがある名詞には이라고요?（イラゴヨ）の形でつきます。

例 여기가 요요기 역이라고요?

ここが 代々木 駅ですって（＝代々木駅なんですか?）

2. -다뇨?、-(이)라뇨?との使い分け

相手の発言を聞き返すとき、形容詞＋다뇨?、名詞＋（이）라뇨?という表現もあります。名詞末にパッチムがないときは、이を省略できます。これらは、納得がいかなくて「何ですって?」と、相手の発言を問い正すニュアンスがあります。

例 주인공이 예쁘다뇨!?

主人公が かわいいですって（＝そんなことはありません）

例 시험이 오늘이라뇨!?

試験が 今日ですって（＝そんなはずがありますか）

近い＝가깝다

91. 桜の花がきれいですねえ。

벚꽃이 ＿＿＿＿ .

92. 銀行、今やってますよね?

（営業してますよね?）

은행 지금 ＿＿＿＿ ?

93. とても地味ではありませんか?

너무 수수하＿＿＿＿

＿＿ ?

94. 試験問題が難しいんですか?（聞き返し）

시험 문제가 ＿＿＿＿

＿＿ ?

95. 今、会議中ですよね?

지금 회의 중＿＿＿＿ ?

91. 37
벚꽃＝桜の花
きれい＝예쁘다

92. 38
은행＝銀行
する、やっている＝하다

93. 39
너무＝とても
地味だ＝수수하다

94. 40
시험 문제＝試験問題
難しい＝어렵다

95. 38
회의 중＝会議中

ポ ッコ チ　イェップ ネ ヨ

91. 벚꽃이 예쁘네요.

桜の花が　きれいですねえ

自分の感動などを相手にも共有したいときに使う表現です。

ウ ネン　チ グム　ハ ジ ヨ

92. 은행 지금 하지요?

銀行　今　やってますよね（営業してますよね）

하다（ハダ）はここでは「営業している」という意味です。話すときは하지요を縮めて하죠（ハジョ）と言ってもOK。

ノ ム　ス ス ハ ジ　ア ナ ヨ

93. 너무 수수하지 않아요?

とても　地味ではありませんか

너무は本来、このフレーズのように「度を越して、あまりに」という意味で主に否定文で使われていましたが、最近では肯定文でも使うようになりました。

シ ホム　ムン ジェ ガ　オ リョプ タ ゴ ヨ

94. 시험 문제가 어렵다고요?

試験問題が　難しいんですか

어렵다（オリョプタ）は形容詞なので다고요をつけます。相手の言った言葉を確認するために、聞き返す表現です。

チ グム　フェ イ　ジュン イ ジ ヨ

95. 지금 회의 중이지요?

今　会議　中ですよね

회의 중は語末にパッチムがある名詞なので이をつけるのでしたね。ほかにも「～中」を使った単語があります。「공사 중（コンサ ジュン）工事中」「외출 중（ウェチュル チュン）外出中」「출장 중（チュルチャン ジュン）出張中」など。

96. 帽子がよく似合いますねえ。

모자가 잘 ＿＿＿＿＿.

96. 37
모자＝帽子
잘＝よく
似合う＝어울리다

97. あの人誰でしょうか?

저 사람 누구＿＿＿＿?

97. 38
저 사람＝あの人
누구＝誰

98. これ、辛くありませんか?

이거 맵＿＿＿＿＿?

98. 39
辛い＝맵다

99. このカバン、とても重くありませんか?

이 가방 너무 ＿＿＿＿＿ ＿＿＿＿＿?

99. 39
가방＝カバン
重い＝무겁다

100. あの人が主人公なんですか?（聞き返し）

저 사람이 주인공 ＿＿＿＿＿?

100. 40
주인공＝主人公

活用グループ 1

モ ジャ ガ チャル オ ウル リ ネ ヨ

96 모자가 잘 어울리네요.

帽子が よく 似合いますねえ

잘 어울리네요（チャル オウルリネヨ）は、人の服装などをほめるときに使える便利な表現です。

チョ サ ラム ヌ グ ジ ヨ

97. 저 사람 누구지요?

あの 人 誰でしょうか

疑問詞の누구がついているので、ていねいなたずね方です。
「誰でしょうか？」は누구이지요？（ヌグイジヨ）となるところですが、누구はパッチムのない単語なので이が省略されています。

イ ゴ メッ チ ア ナ ヨ

98. 이거 맵지 않아요?

これ 辛くありませんか

이거は「이것（イゴッ）これ」（204ページ）の会話で使う形です。会話ではこのようにㅅパッチムが省略されることが多いです。

イ カ バン ノ ム ム ゴッ チ ア ナ ヨ

99. 이 가방 너무 무겁지 않아요?

この カバン とても 重くありませんか

目の前にあるカバンを指して言うとき、이 가방となります。

チョ サ ラ ミ チュ イン ゴン イ ラ ゴ ヨ

100. 저 사람이 주인공이라고요?

あの 人が 主人公なんですか

주인공は名詞末にパッチムがあるので이라고요をつけます。저 사람は「目の前にいるあの人」を指します。

WORD

101. えっ？何ですか？（聞き返し）

네？ ______ ？

101. 40
네＝「はい」、反問するときの「えっ」
何＝뭐

102. あ！雪が降ってるな。

어！눈이 ______ .

102. 37
어！＝あ！
雪が降る＝눈이 오다

103. 外国生活が大変ですよね？

외국 생활이 ______ ？

103. 38
외국 생활＝外国生活
大変だ＝힘들다

104. 映画をお好きですよね？

영화를 ______ ？

104. 38
お好きだ（敬語）＝좋아하시다

105. とても暑くありませんか？

너무 ______ ？

105. 39
덥다＝暑い

活用グループ 1

ネ　ムォラゴヨ
101. 네? 뭐라고요?
えっ　何ですか

뭐はパッチムがない名詞なので라고요がつきます。相手の話に若干驚いて、もう一度確認するニュアンスがあります。

オ　ヌニ　オネ
102. 어! 눈이 오네.
あ!　雪が　降ってるな

네で新鮮な驚きを表せるのでしたね。「오다（オダ）来る」を使って「눈이 오다 雪が降る」という意味になります。「雨が降る」は비가 오다（ピガ オダ）です。

ウェグㇰ　センファリ　ヒㇺドゥルジヨ
103. 외국 생활이 힘들지요?
外国　生活が　大変ですよね

힘들지요? は他者をねぎらう優しい言葉にもなるので、ぜひ使ってみてください。

ヨンファルㇽ　チョアハシジヨ
104. 영화를 좋아하시지요?
映画を　お好きですよね

좋아하시다（チョアハシダ）のように、動詞や形容詞の語幹のあとに시（シ）がつくと、尊敬を表す表現になります。
➡좋아하다（チョアハダ）好きだ→좋아하＋시＋다→좋아하시다お好きだ

ノム　トㇷ゚チ　アナヨ
105. 너무 덥지 않아요?
とても　暑くありませんか

相手が暑く感じているかどうか、たしかめたいときに使います。

COLUMN

韓国の年中行事と観光シーズン

韓国でかかせない年中行事といえば、陰暦の1月1日と8月15日です。この日はそれぞれ 설날（ソルラル 旧正月）と 추석（チュソク 中秋）と呼ばれ、当日は家族や親族で 재사（チェサ 祭祀）という先祖を祀る儀式を行います。故郷で過ごす人も多く、交通機関は大混雑します。儀式のあとにはごちそうを食べて近況を語り合いますが、独身者は、早く結婚しろだの、彼氏彼女はいないのかだのとうるさく言われるので、それが嫌で帰りたくないという話も聞きます。

この時期の韓国旅行は、あまりおすすめしません。交通が不便なだけでなく、外国人向けの観光施設以外は休業するからです。

韓国を旅行するなら、各地のイルミネーションが美しい年末や、オンドル（床暖房）の暖かさを満喫できる冬はいかがですか。河川も凍るほどの寒さが襲うこの時期は、安くてよいものが買えるセール期間でもあります。そして、厳しい冬が去って春が訪れると、花の季節です。진달래（チンダルレ つつじ）や개나리（ケナリ れんぎょう）などのあざやかな美しい花が見られる4～5月は、気候も穏やかで比較的天候も安定していて、観光にはもっともおすすめできる季節です。

活用グループ2

語末の다をとって、語幹末の文字にパッチムがあれば「으」をつけてから型をつけるグループです。

パッチムとは、잊の「ㅈ」、앉の「ㄵ」のように、子音と母音の組み合わせの下にある子音パーツのことです。1〜2つのハングルが入ります。

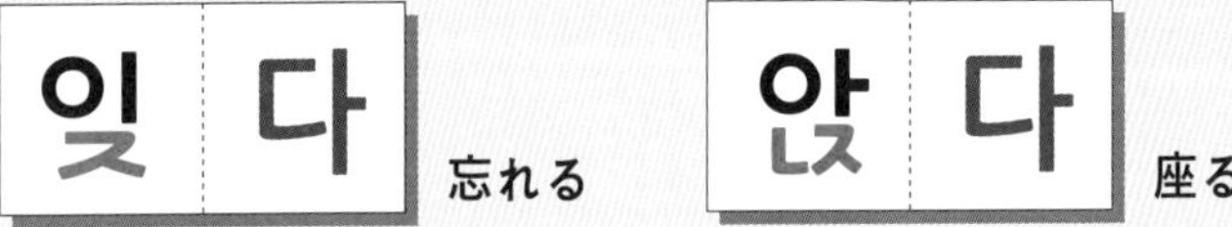

語幹末にパッチムがないときはそのまま型をつけ、パッチムがあるときは 으をつけてから型をつけます。

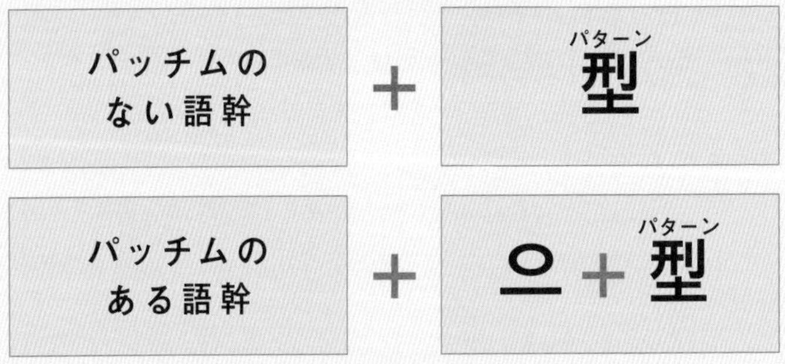

※ただし、語幹末がㄹパッチムのときは으をつけません。

例

(으)세요 ～てください（パターン44）

(ウ セ ヨ)

가다（行く）(カ ダ)

➡ 가 ＋ 세요 ➡ 가세요（行ってください）(カ セ ヨ)

앉다（座る）(アン タ)

➡ 앉 ＋ 으 ＋ 세요 ➡ 앉으세요（座ってください）(アンジュ セ ヨ)

例外：変則用言の場合

語幹末のパッチムの種類によって、例外的な作り方をします。

＊ㅂパッチムの場合（ㅂ変則）（おもに形容詞）

語幹末が ㅂ パッチムで終わるほとんどの形容詞は、活用グループ2の型がつくときに ㅂ が落ちて、으 が 우 に変わります。

例 **ㄹ/을까요？（でしょうか？）**

춥다（寒い）➡ 춥 ➡ 추 ＋ 우 ＋ ㄹ까요？

➡ 추울까요？（寒いでしょうか？）

＊ㄷパッチムの場合（ㄷ変則）

「듣다（トゥッタ）聞く」「묻다（ムッタ）たずねる」「걷다（コッタ）歩く」「싣다（シッタ）積む」など一部の単語は活用グループ2の型がつくときに ㄷ パッチムが ㄹ に変わります。

例 **(으) 세요（～てください）**

듣다（聞く）➡ 듣 ➡ 들 ＋ 으 ＋ 세요

➡ 들으세요（聞いてください）

＊ㄹパッチムの場合（ㄹ語幹）

語幹末がㄹパッチムで終わる単語はすべて、ㅅㅂㄹㄴ で始まる活用グループ2の型がつくとき、ㄹパッチムが落ちます。

注意 ㄹパッチムのときは、つねに으はつけません。

例 **ㄹ/을까요？(ましょうか？)**

살다（買う）➡ 살 ➡사 ＋ ㄹ까요？

➡ 살까요？(買いましょうか？)

例 **(으)세요 (〜てください)**

만들다（作る）➡ 만들 ➡ 만드 ＋ 세요

➡ 만드세요（作ってください）

参考 (으)면 などㅅㅂㄹㄴ で始まらない型がつくとき、ㄹパッチムは落ちません。

살다（暮らす）➡ 살 ＋ 면 ➡ 살면（暮らすなら）

＊ㅅパッチムの場合（ㅅ変則）

語幹末が ㅅ パッチムで終わる単語の一部は、活用グループ2の型がつくときに ㅅ パッチムが落ちます。

例 **ㄹ/을까요？(ましょうか？)**

짓다（建てる）➡ 짓 ➡ 지 ＋ 으＋ ㄹ까요？

➡ 지을까요？（建てましょうか？）

＊ㅎパッチムの場合（ㅎ変則）

語幹末が ㅎ パッチムで終わる単語の一部は、活用グループ2の型がつくときに ㅎ と 으 が落ちます。

例 **ㄹ/을까요？(でしょうか？)**

어떻다（どうだ）➡ 어떻 ➡ 어떠 ＋ ㄹ까요？

➡어떨까요？(どうでしょうか？)

우리 -ㄹ / 을까요?

私たち、〜ましょうか?

우리 결혼할까요?

私たち、結婚しましょうか?

1. 相手にどうするか意見を聞く型

우리 ㄹ / 을까요 ? は、型に入れる動詞について相手の意向を聞きながらさそう表現です。動詞の語幹末にパッチムがないときはㄹ까요 ?、あるときは을까요 ? がつきます。

例 우리 영화라도 볼까요?
私たち 映画でも 見ましょうか

例 우리 뭐 먹을까요?
私たち 何 食べましょうか

2. 「〜でしょうか?」と意見を聞く表現にも

「動詞や形容詞＋ㄹ / 을까요 ?」や「名詞＋일까요 ?（イルッカヨ）」で、相手の意見をたずねる表現にもなります。

例 이 영화는 재미있을까요?
この 映画は おもしろいでしょうか

結婚する＝결혼하다　食べる＝먹다　見る＝보다　おもしろい＝재미있다

같이 -ㄹ/을래요?
カチ ル ウルレヨ

一緒に〜ますか?

같이 영화 볼래요?
カチ ヨンファ ボルレヨ

一緒に映画見ますか?

1. 相手に行う意思があるかどうかを聞く型(パターン)

ㄹ/을래요?は、動詞の語幹について「〜する意思がありますか」という意味で、같이がつくと相手の意思をたずねながら行動をさそう表現になります。目上だけれども親しい人や、同年代だけれど「です・ます」で話すような仲の人に使います。

例 같이(カチ) 앉을래요(アンジュルレヨ)?
一緒に 座りますか

2. -ㄹ/을래요は強い意志で「〜します」
ル ウルレヨ

ㄹ/을래요は疑問や否定でない平叙文で使うと、他人がどう思っても「自分は〜します」と、強い意志で何かすることを宣言するような表現になります。

シーン 仕事や会合のあと、帰るときに

같이(カチ) 영화(ヨンファ) 볼래요(ボルレヨ)?
一緒に 映画 見ますか

전(チョン) 먼저(モンジョ) 갈래요(カルレヨ).
私は 先に 帰ります

座る=앉다　帰る(行く)=가다

-(으)세요

～でいらっしゃいます、お～になります

이 분이 우리 아버지세요.

この方がうちの父でいらっしゃいます。

1. 敬意を払うべき相手に使う敬語表現

(으)세요は、動詞や形容詞の語幹について「お～なさいます」「～でいらっしゃいます」と敬意を込めた表現になります。名詞につくときは (이)세요 (〈イ〉セヨ)と言います。名詞の語末にパッチムがなければ세요、あれば이세요を使います。韓国では、身内であっても両親に敬語を使うのが普通です。

例 선생님은 한국어를 가르치세요.
先生は 韓国語を 教えていらっしゃいます

例 우리 어머니는 시디를 들으세요.
うちの 母は CDを お聞きになります

2. -(으)세요を使ったあいさつ言葉

あいさつ言葉にもよく使われています。

例 안녕하세요?
安寧でいらっしゃいますか(＝おはようございます、こんにちは、こんばんは)

例 안녕히 주무세요.
安寧にお休みなさい(＝おやすみなさい)

教える＝가르치다　聞く＝듣다(ㄷ変則)　安寧だ＝안녕하다　休む＝쉬다

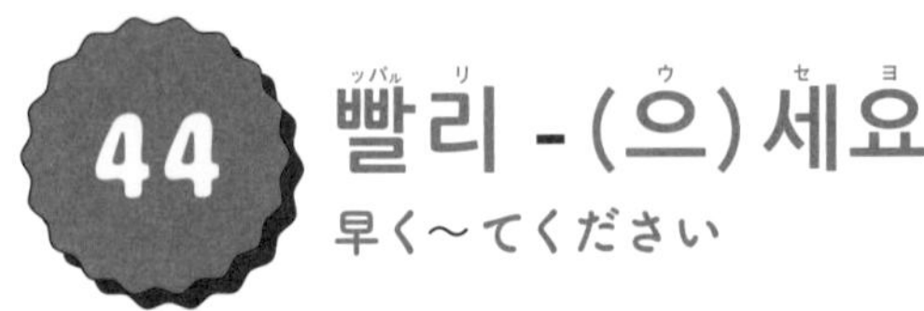

44 빨리 -(으)세요

早く〜てください

빨리 치우세요.

早く片づけてください。

1. 相手の行動をうながす敬語の命令型

(으)세요は尊敬語ですが、「お〜なさいませ」と、相手の行動をうながす命令表現にもなります。親しい目上の人に使えますが、相手のためになるようなことに限られ、自分のためにやってもらうことには使えません。

例 **빨리 일어나세요.**
早く　起きてください

2. 빨리, 일찍, 어서の使い分け

빨리は速度が速いことを表します。「時間が早い」は일찍、歓迎しながら「さあ早く（〜してください）」は어서を使います。最近では빨리が速度にも時間にも使われることが多いようです。

例 **빨리 오세요.**
早く　来てください

例 **일찍 오세요.**
早い時間に　来てください

例 **어서 오세요.**
いらっしゃいませ（早く来てください）

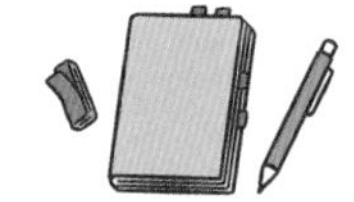

片づける＝치우다　起きる＝일어나다　来る＝오다

45 -(으)면 안 돼요

ウ ミョン アン ドェ ヨ

～てはいけません

サ ジン ッチ グ ミョン アン ドェ ヨ
사진 찍으면 안 돼요.
写真、撮ってはいけません。

1.「してはいけないこと」を知らせる型（パターン）

(으) 면は「～なら」という仮定法です。これにパターン 15 の「안 돼요 だめです」がついて、「～たらだめです」と「してはいけないこと」を知らせる表現になります。

例 **여기서 담배를 피우면 안 돼요.**
ヨギソ タムベルル ピウミョン アン ドェヨ
ここで / タバコを / 吸ってはいけません

2. -지 마세요よりやわらかい命令表現

チ マ セ ヨ

지 마세요という表現より、この (으) 면 안 돼요のほうが若干やわらかいニュアンスになります。これは直接的に「～をするな」と行動を制限するのではなく、「もし～した場合には」と仮定法を使って表現するためでしょう。

例 **들어가면 안 돼요.**
トゥロガミョン アン ドェヨ
入ってはいけません

例 **들어가지 마세요.**
トゥロガジ マセヨ
入らないでください

撮る＝찍다　吸う＝피우다　入る＝들어가다

活用グループ 2

46 -(으)려고 해요（ウリョゴ ヘヨ）

～ようと思います

アルバイトハリョゴ ヘヨ
아르바이트하려고 해요.
アルバイトしようと思います。

1. 自分の意思を伝える型（パターン）

(으) 려고は、「～しようと」という意思の意味になります。해요は「思います」「思っています」という意味です。組み合わせると「～ようと思います」と意思を伝える表現になります。まだ確定はしていないが、そのように考えているというニュアンスです。

例 **비빔밥을 먹으려고 해요.**（ビビムパブル モグリョゴ ヘヨ）
비빔밥을＝ビビンバを　먹으려고 해요＝食べようと思います

例 **언젠가 유학하려고 해요.**（オンジェンガ ユハカリョゴ ヘヨ）
언젠가＝いつか　유학하려고 해요＝留学しようと思っています

2. [-ㄹ려고 해요（ルリョゴ ヘヨ）]と発音されることもある

려고の直前にくる動詞の語幹末にパッチムがないときは、表記はそのままで［ㄹ려고（ルリョゴ）］と発音されることがあります。

例 **표를 사려고 해요.**（ピョルル サルリョゴ ヘヨ）
표를＝チケットを　사려고 해요＝買おうと思います

例 **노래방에 가려고 해요.**（ノレバンエ カルリョゴ ヘヨ）
노래방에＝カラオケボックスに　가려고 해요＝行こうと思います

する＝하다　留学する＝유학하다　買う＝사다　行く＝가다

106. 私たち、カラオケボックス、行きましょうか?

우리 노래방 ______ ?

107. 私はポッサム、食べます。(強い意思)

저는 보쌈 먹 ______ .

108. 早くトイレ、行ってきてください。

빨리 화장실 ______ ______ .

109. 嘘をついてはいけません。

거짓말하면 ______ .

110. 休暇のとき済州島を旅行しようと思います。

휴가 때 제주도를 여행하 ______ .

WORD

106. 41
노래방＝カラオケボックス
行く＝가다

107. 42
보쌈＝ポッサム
食べる＝먹다

108. 44
화장실＝トイレ
行ってくる＝갔다 오다

109. 45
거짓말하다＝嘘をつく

110. 46
휴가＝休暇
때＝～とき
제주도＝済州島
여행하다＝旅行する

ウリ　ノレバン　カルッカヨ
106. 우리 노래방 갈까요?

私たち　カラオケボックス　行きましょうか

相手をさそうとき、日本語では「私たち〜ましょう」とは言いませんが、韓国語ではよく使う表現です。

チョヌン　ポッサム　モグルレヨ
107. 저는 보쌈 먹을래요.

私は　ポッサム　食べます

ㄹ/을래요は平叙文で使うと強い意思を表すのでしたね。ポッサムは豚肉をスパイスとともにゆでて薄くスライスしたものをサンチュやエゴマの葉で包んで食べるヘルシーな一品です。

ッパルリ　ファジャンシル　カッタ　オセヨ
108. 빨리 화장실 갔다 오세요.

早く　トイレ　行ってきてください

「갔다 오다（カッタ オダ）行ってくる」は日本語と同じ言い方で、とても使い勝手のよい単語です。

コジンマラミョン　アンドェヨ
109. 거짓말하면 안 돼요.

嘘をついてはいけません

本当に嘘をつかれたときのほか、外見を褒められたりしたときにも照れ隠しで言ってみてはいかがでしょうか。

ヒュガ　ッテ　チェジュドルル　ヨヘンハリョゴ　ヘヨ
110. 휴가 때 제주도를 여행하려고 해요.

休暇　とき　済州島を　旅行しようと思います

手配まではしてはいないが考え中だというニュアンスです。

111. それでは私たち、旅行に行きましょうか?

그러면 우리 ＿＿＿＿ ＿＿ ?

112. 一緒にプルコギ、注文しますか?

같이 불고기 ＿＿＿＿ ＿＿ ?

113. 早く治ってください。

＿＿＿＿ 나으세요.

114. そちらに行ってはいけません。

그쪽으로 가＿＿ 안 돼요.

115. 社長はウクレレを習っていらっしゃいます。

사장님은 우클렐레를 ＿＿＿＿＿＿.

WORD

111. 41
그러면＝それでは
旅行に行く＝여행 가다

112. 42
불고기＝プルコギ
注文する＝주문하다

113. 44
낫다＝治る
(ㅅ変則→114ページ)

114. 45
그쪽＝そちら
으로＝～の方向に

115. 43
사장님＝社長
우클렐레＝ウクレレ
習う＝배우다

活用グループ 2

クロミョン　ウリ　ヨヘン　ガルッカヨ
111. 그러면 우리 여행 갈까요?
それでは　私たち　旅行に行きましょうか

그러면は会話をまとめるときに使います。

カチ　プルゴギ　チュムン　ナルレヨ
112. 같이 불고기 주문 할래요?
一緒に　プルコギ　注文しますか

相手に注文する意思があるかどうかをたずねています。

ッパルリ　ナウセヨ
113. 빨리 나으세요.
早く　治ってください

➡낫다（ナッタ）治る→낫→나＋으세요→나으세요
낫다は、活用グループ2ではパッチムのㅅが脱落します（114ページ）。このような活用を「ㅅ変則」と言います。

クッチョグロ　ガミョン　アン　ドェヨ
114. 그쪽으로 가면 안 돼요.
そちらに　行ってはいけません

道案内をする際などに使えるフレーズです。

サジャンニムン　ウクルレルレルル　ペウセヨ
115. 사장님은 우클렐레를 배우세요.
社長様は　ウクレレを　習っていらっしゃいます

「社長」は사장ですが、「님（ニㇺ）様」をつけて言います。

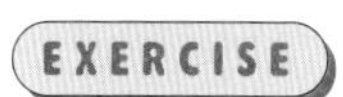

WORD

116. 映画は何時ごろ終わるでしょうか?

영화가 몇 시쯤 ______ ______ ?

117. 早く忘れてください。

빨리 ______ .

118. 簡単に考えてはいけません。

쉽게 생각하 ______ ______ .

119. おばあさんは最近お暇でいらっしゃいます。

할머니는 요즘 ______ ______ .

120. 家で聞こうと思います。

집에서 들으 ______ ______ .

116. 41
영화＝映画
몇 시＝何時
쯤＝～ころ
終わる＝끝나다

117. 44
忘れる＝잊다

118. 45
쉽게＝簡単に
考える＝생각하다

119. 43
할머니＝祖母
요즘＝最近
暇だ＝한가하다

120. 46
집＝家
듣다＝聞く
(ㄷ変則→113ページ)

ヨン ファ ガ ミョッ シ ッチュム ックン ナル カ ヨ

116. 영화가 몇 시쯤 끝날까요?

映画は 何 時ごろ 終わるでしょうか

ㄹ/을까요?は、予想をたずねる表現にもなるんでしたね。쯤は時間を表す名詞などについて、大体の程度を表します。

ッパル リ イ ジュ セ ヨ

117. 빨리 잊으세요.

早く 忘れてください

つらいことで落ち込んでいる友人をこのフレーズで慰めてみては？

スィプ ケ セン ガ カ ミョン アン ドェ ヨ

118. 쉽게 생각하면 안 돼요.

簡単に 考えてはいけません

쉽게は「쉽다（スィプタ）簡単だ」の副詞形です。

ハル モ ニ ヌン ヨ ジュム ハン ガ ハ セ ヨ

119. 할머니는 요즘 한가하세요.

おばあさんは 最近 お暇でいらっしゃいます

韓国では自分の両親や祖父母、会社の上司のことを他人に話すときにも尊敬表現を使います。

チ ベ ソ トゥ ル リョ ゴ ヘ ヨ

120. 집에서 들으려고 해요.

家で 聞こうと思います

➡듣다（トゥッタ）聞く→듣→들＋으려고 해요→들으려고 해요
듣다などごく一部の単語は、活用グループ2ではパッチムのㄷがㄹに変わります（113ページ）。このような活用を「ㄷ変則」と言います。

47 -ㄹ/을 거예요

ル　ウル　コ エ ヨ

～するつもりです、～する予定です

ヨンファルル　ポル　コ エ ヨ
영화를 볼 거예요.
映画を見る予定です。

1. 具体的な計画や確率の高いことを表す型（パターン）

ㄹ/을 거예요は、かなりの確率でやろうと思っていることや、具体的に予定していることを言う表現です。

例　ハングゴルル　コンブハル　コ エ ヨ
한국어를 공부할 거예요.
韓国語を　勉強する予定です

例　ホンジャソ　モグル　コ エ ヨ
혼자서 먹을 거예요.
一人で　食べるつもりです

2. 主語が三人称なら「～でしょう」という推量を表す

本人でない限りは、自分の意思を確信を持って言うことはできませんね。そのため、他人が主語になると「～でしょう」という推量の意味になります。

例　ク　サラムン　ハングゴルル　コンブハル　コ エ ヨ
그 사람은 한국어를 공부할 거예요.
その　人は　韓国語を　勉強するでしょう

勉強する＝공부하다

48 꼭 -ㄹ/을게요
ツコク ル ウル ケ ヨ

必ず～ますね

ツコク チョヌァハル ケ ヨ
꼭 전화할게요.
必ず電話しますね。

1. 相手に約束する型（パターン）

ㄹ/을게요は「～しますからね」と相手と約束をするときに使われます。「꼭 必ず」と一緒に使うことで、絶対に守るつもりで約束する表現になります。

例 ツコク キダリルケヨ
꼭 기다릴게요.
必ず 待っていますからね

2.「～しますね」と自分の行動を承認してもらいたいときにも

ㄹ/을게요は、その場の人たちに自分の行動を承認してもらうときにも使われます。

例 ヨギ アンジュルケヨ
여기 앉을게요.
ここに 座りますね

例 モンジョ カルケヨ
먼저 갈게요.
先に 行きますね

電話する＝전화하다　待つ＝기다리다

이것만 -(으) 면 돼요

これだけ〜ればいいです

이것만 치우면 돼요.

これだけ片づければいいです。

1. これだけはしてほしいという最低限のお願いや、やるべきことを表す型

(으) 면 돼요は「〜すればいいです」。これに「이것만 これだけ」を加えて、最低限のお願いや、やるべきことを伝えます。만で「だけ」という意味です。

例 이것만 마시면 돼요.

これだけ　飲めばいいです（だから飲んでください）

例 이것만 먹으면 돼요.

これだけ　食べればいいです（あとは要りません）

2. -(으) 면 돼요だけでやんわりと伝える

(으)면 돼요だけで使うこともできます。「〜してください」の意味を、「〜すれば OK です、〜で大丈夫です」のような言い方でやんわりと伝えることができます。

例 쭉 가면 돼요.

まっすぐ 行けばOKです（＝まっすぐ行ってください）

片づける＝치우다　飲む＝마시다

50 -ㄹ/을 수 있어요?

～ことができますか?

1. 可能かどうかをたずねる型

ㄹ/을 수 있어요?は「～することができますか」と、可能かどうかをたずねる表現です。する能力があるかだけでなく、そのための環境や条件が整っているかをたずねるときにも使えます。前に하다(ハダ)で終わる動詞がつくと、パターン16と同じ形になります。

答えるときは「네, 돼요(ネ ドェヨ)はい、できます」とか「아뇨, 안 돼요(アニョ アン ドェヨ)いいえ、できません」と言えばOKです。

例 지금 이야기할 수 있어요?

今 / 話すことができますか

例 포장할 수 있어요?

包装することができますか(=持ち帰ることができますか)

2. -ㄹ/을 수 없어요で「～することができません」と伝える

「～することができません」と言いたいときは、ㄹ/을 수 없어요という表現を使います。

例 지금 화장실은 쓸 수 없어요.

今 / トイレは / 使うことができません

直す=고치다　話す=이야기하다　包装する=포장하다　使う=쓰다

51 -ㄴ/은 적이 있어요?

ン　ウン ジョギ イッソヨ

~たことがありますか?

ソゲティンハン ジョギ イッソヨ

소개팅한 적이 있어요?

合コンしたことがありますか?

1. 経験の有無を話す型（パターン）

ㄴ/은 적이 있어요？は、そういう経験があるかないかをたずねる表現です。あれば있어요、なければ없어요（オプソヨ）と答えればOKです。

例 ク ベウハゴ アクスハン ジョギ イッソヨ

그 배우하고 악수한 적이 있어요?

その　俳優と　握手したことがありますか

2. -ㄴ/은 적이 없어요で「~したことがありません」

ン　ウン ジョギ オプソヨ

経験がないときは、「ㄴ/은 적이 없어요 したことがありません」でOKです。적이を적은（チョグン）に変えると「ㄴ/은 적은 없어요 したことはありません」と、その経験がないことをもっと強調するニュアンスになります。

例 ピヘンギルル ノチン ジョギ オプソヨ

비행기를 놓친 적이 없어요.

飛行機を　逃したことがありません

例 チクチョプ ッサイン パドゥン ジョグン オプソヨ

직접 싸인 받은 적은 없어요.

直接　サイン　もらったことはありません

合コンする=소개팅하다　握手する=악수하다　逃す=놓치다　もらう=받다

活用グループ 2

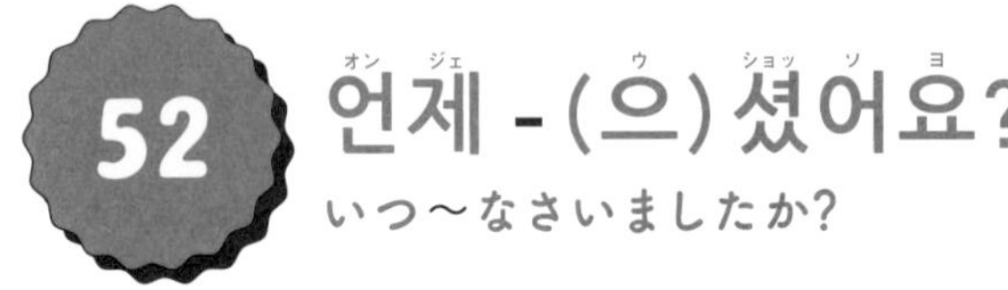

オンジェ オ ショッソ ヨ
언제 오셨어요?
いつ、いらっしゃいましたか?

1. 相手の行動がいつ行われたのかをていねいにたずねる型(パターン)

(으) 셨어요は動詞の語幹について「お～なさいましたか？」の意味になり、過去の行動を聞く敬語表現です。これに疑問詞の언제がついて、いつ行われたのかをたずねます。ていねいな表現なので、目上の人にも使えます。

例 언제(オンジェ) 보셨어요(ボショッソヨ)?
いつ　ご覧になりましたか

2. -으셨어요(ウショッソヨ)は自分には使えない

(으) 셨어요「お～なさいました」は敬語なので、自分のしたことには使えません。「(으)셨어요？なさいましたか？」と聞かれても、「았/었어요（アッ/オッソヨ）しました」(パターン 66) で答えます。

例 이(イ) 책(チェク), 읽으셨어요(イルグショッソヨ)?
この　本　お読みになりましたか

—네(ネ), 읽었어요(イルゴッソヨ).
はい　読みました

読む＝읽다

WORD

121. 次には必ず持ってきますね。

다음에는 꼭 ＿＿＿＿ ＿＿.

121. 48
다음＝次
에는＝〜には
持ってくる＝가져오다

122. これだけ押せばいいです。

＿＿＿＿ 누르면 돼요.

122. 49
누르다＝押す

123. イタリアに行ったことがありますか?

이탈리아에 ＿＿＿＿ ＿＿＿＿?

123. 51
이탈리아＝イタリア
行く＝가다

124. 返品することができますか?

반품 ＿＿＿＿?

124. 50
반품하다＝返品する

125. いつ博士号を取られましたか?

언제 박사 학위를 ＿＿ ＿＿＿＿?

125. 52
박사 학위＝博士号
（資格などを）取る＝따다

タ ウ メ ヌン ッコㇰ カ ジョ オル ケ ヨ

121. 다음에는 꼭 가져올게요.

次には 必ず 持ってきますね

에는（エヌン）は助詞「에（エ）に」と「는（ヌン）は」が結合した表現です。ほかにも「에도（エド）にも」「까지는（ッカジヌン）までは」などがあります。

イ ゴン マン ヌ ル ミョン ドェ ヨ

122. 이것만 누르면 돼요.

これだけ 押せばいいです

この表現には「これだけ押してください、簡単でしょう?」というニュアンスが含まれています。

イ タル リ ア エ カン ジョ ギ イッ ソ ヨ

123. 이탈리아에 간 적이 있어요?

イタリアに 行ったことがありますか

「行ったことはありますか?」と強調してたずねるときは、간 적은（カンチョグン）〜とするのでしたね。

パン プ マル ス イッ ソ ヨ

124. 반품할 수 있어요?

返品することができますか

반품하다（パンプマダ）の代わりに「교환하다（キョファナダ）交換する」を使うこともできます。

オン ジェ パㇰ サ ハ グィ ルル ッタ ショッ ソ ヨ

125. 언제 박사 학위를 따셨어요?

いつ 博士号を 取られましたか

「박사（パㇰサ）博士」と「학위（ハグィ）学位」を合わせると「博士号」という意味になります。

126. ペン、ちょっとだけ使いますね。

펜 잠깐만 ＿＿＿＿ .

127. 5分だけ待てばいいです。

5분만 ＿＿＿＿ 돼요 .

128. パスポートをなくしたことがあります。

여권을 잃어버린 ＿＿＿＿ ＿＿＿＿ .

129. いつ彼女に告白するつもりですか?

언제 그녀에게 고백＿＿＿＿ ＿＿＿＿ ?

130. おふたりはいつお会いしましたか?

두 분은 언제 ＿＿＿＿ ＿＿＿＿ ?

WORD

126. 48
펜＝ペン
잠깐만＝ちょっとだけ
使う＝쓰다

127. 49
5분＝5分
待つ＝기다리다

128. 51
여권＝パスポート
なくす＝잃어버리다

129. 47
언제＝いつ
그녀＝彼女
에게＝(人)に
고백하다＝告白する

130. 52
두 분＝おふたり
会う＝만나다

ペン　チャム ッカン マン　ッスル　ケ　ヨ

126. 펜 잠깐만 쓸게요.

ペン　ちょっとだけ　使いますね

ㄹ/을게요は、行動の承認の意味もあるんでしたね。他人の物を借りるとき、「빌려 주시겠어요?（ピルリョ ジュシゲッソヨ）貸してもらえますか?」と言うこともありますが、「쓸게요 使いますね」だけでもOKです。

オブン マン　キ ダ リ ミョン ドェ ヨ

127. 5분만 기다리면 돼요.

5分だけ　待てばいいです

「どれくらい待ちますか?」と聞くときは、얼마나 기다리면 돼요?（オルマナ　キダリミョン　ドェヨ）と言います。

ヨ クォ ヌル　イ ロ ボ リン　ジョ ギ　イッ ソ ヨ

128. 여권을 잃어버린 적이 있어요.

パスポートを　なくしたことがあります

旅行先で起こりがちなできごとです。「지갑（チガプ）財布」「길（キル）道」などにいれかえて言ってみましょう。

オン ジェ　ク ニョ エ ゲ　コ ベ カル　コ エ ヨ

129. 언제 그녀에게 고백할 거예요?

いつ　彼女に　告白するつもりですか

에게は「(人や動物)に」と言うときに使う助詞です。団体や植物など無生物の場合は에を用います。

トゥ　ブ ヌン　オン ジェ　マン ナ ショッ ソ ヨ

130. 두 분은 언제 만나셨어요?

おふたりは　いつ　お会いしましたか

2人は두 사람（トゥ サラム）ですが、「おふたり」とていねいに言うときは두 분（トゥ ブン）を使います。분（ブン）は人数を数えるときの敬語表現です。

WORD

131. あとはリュック、背負って出ればいいです。

이제 배낭 메고 ______ ______.

131. 49
이제＝あとは、もう
배낭＝リュック
메다＝背負う（메고はパターン76）
出る、出かける＝나가다

132. これ、払い戻しすることができますか？

이거 ______ ______?

132. 50
（お客側から見て）払い戻しを受ける＝환불받다

133. 外国で暮らしたことがありません。

외국에서 산 ______.

133. 51
외국＝外国
에서＝で
住む、暮らす＝살다
（ㄹ語幹→114ページ）

134. いつ、お聞きになりましたか？

______ 들으셨어요?

134. 52
듣다＝聞く
（ㄷ変則→113ページ）

135. お兄ちゃんはあとで食べるでしょう。

오빠는 나중에 ______ ______.

135. 47
오빠＝妹から見た兄
나중에＝あとで
食べる＝먹다

活用グループ 2

イ ジェ ペ ナン メ ゴ ナ ガ ミョン ドェ ヨ

131. 이제 배낭 메고 나가면 돼요.

あとは　リュック　背負って　出ればいいです

パターン49の이것만を이제にかえた表現です。旅行の準備はすべて終わったので、あとは出るだけ！という意味です。

イ ゴ ファン ブル バ ドゥル ス イッ ソ ヨ

132. 이거 환불받을 수 있어요?

これ　払い戻しすることができますか

「환불 교환은 안 됩니다（ファンブル キョファヌン アン ドェムニダ）返金、交換はできません」と張り紙が出ているお店もあるので、購入時に確認しましょう。

ウェ グ ゲ ソ サン ジョ ギ オプ ソ ヨ

133. 외국에서 산 적이 없어요.

外国で　暮らしたことがありません

➡살다（サルダ）暮らす→살→사＋ㄴ 적이→산 적이

살다は活用グループ２ではパッチムのㄹが脱落します。このような活用をㄹ語幹と言います(114ページ)。パターン51の있어요を없어요にかえると、経験がないことを言えるのでしたね。

オン ジェ トゥ ル ショッ ソ ヨ

134. 언제 들으셨어요?

いつ　お聞きになりましたか

➡듣다（トゥッタ）聞く→듣→들＋으셨어요→들으셨어요（ㄷ変則）

オ ッパ ヌン ナ ジュン エ モ グル コ エ ヨ

135. 오빠는 나중에 먹을 거예요.

お兄ちゃんは　あとで　食べるでしょう

ㄹ/을 거예요の主語が三人称なので、ここでは推量を表します。

53 -ㄴ/은 후에 -(으)세요

ン　ウン フエ　ウ セ ヨ

～たあとに～てください

ケサンハン フエ チュルル ソ セ ヨ
계산한 후에 줄을 서세요.
お会計したあとに列に並んでください。

1. まずすべきことを教える型（パターン）

「～してから～てください」とすべきことの順序を教えてあげる表現です。敬語なので、知らない人や目上の人にも使えます。

パターン33の「전에（チョネ）前に」「후에（フエ）うしろに」も参考にしてください。

例 **번호표를 뽑은 후에 자리에서 기다리세요.**
ボノピョルル ッポブン フエ チャリエソ キダリセヨ
番号札を／取ったあとに／席で／お待ちください

例 **키오스크로 주문한 후에 기다리세요.**
キオスクロ チュムナン フエ キダリセヨ
自動券売機で／注文したあとに／お待ちください

2. -기 전에で「～する前に」

キ ジョネ

「기 전에 -(으)세요（キ ジョネ〈ウ〉セヨ）～する前に～てください」で、何かを行う前に、あらかじめやっておくべきことを教える表現になります。기 전에の前は活用グループ1の作り方をします。

例 **가기 전에 전화하세요.**
カギ ジョネ チョヌァハセヨ
行く前に／電話なさってください

会計する＝계산하다　列に並ぶ＝줄을 서다　取る＝뽑다　注文する＝주문하다

54 -ㄹ/을 때 -(으)세요

～とき、～てください

배고플 때 이거 드세요.

おなかが空いたとき、これを召し上がってください。

1. その状況を仮定して、行動をうながす型

ㄹ/을 때は「～のとき」の意味で、ある状況を仮定して話すときに使います。これにパターン43の(으)세요をつけた表現です。

例 **심심할 때 오세요.**

退屈するとき　いらしてください

例 **힘들 때 쓰세요.**

たいへんなとき　使ってください

2. -ㄹ/을 때と았/었을 때の使い分け

ある行動が行われたときのことを話すときには、活用グループ3の作り方をする「았/었을 때～したとき」という表現を使います。

例 **서울에 갔을 때 박물관을 구경하세요.**

ソウルに行ったとき(着いたとき)　博物館を見物してみてください

おなかが空く=배고프다　召し上がる=드시다　退屈する=심심하다　たいへんだ=힘들다
見物する=구경하다

-(으)면서 뭐 하세요?

～ながら何をなさいますか?

술을 마시면서 뭐 하세요?

お酒を飲みながら何をなさいますか?

1.「～しながら」何をするかたずねる型

(으)면서は、同時に2つの動作をしていることを表す表現です。

例 커피 마시면서 뭐 하세요?

コーヒー　飲みながら　何　なさいますか

例 동영상 보면서 뭐 하세요?

動画　見ながら　何　なさいますか

2. -(으)면서には「～するくせに」という意味もある

(으)면서には「～するくせに」という意味もあります。たとえば、「알다(アルダ)知る」を使った알면서(アルミョンソ)は「知っていながら」、つまり「知っているくせに」という言い方にもなります。

例 알면서 왜 나한테 물어요?

知っているくせに　なぜ　私に　聞きますか

例 듣고 있으면서 왜 무시해?

聞いているくせに　なぜ　無視するの

聞く、たずねる＝묻다(ㄷ変則)　無視する＝무시하다

56 -(으)면 -ㄹ/을 거예요

～なら～するつもりです

비가 오면 지하철을 탈 거예요.

雨が降ったら地下鉄に乗るつもりです。

1. ある条件での予定を言う型

ㄹ/을 거예요（パターン 47）は「～するつもりです」「～する予定です」と、高い確信をもって予想したり自分の予定を言う表現です。これに仮定を表す（으）면がついて「～となったときには～するつもりです」という表現になります。

例 당첨되면 혼자서라도 갈 거예요.
当選したら　1人でも　行くつもりです

例 돈이 생기면 여행할 거예요.
お金が　できたら　旅行するつもりです

2. -ㄹ/을 거예요は「～でしょう」と推測の意味にも

ㄹ/을 거예요「～する予定です」は、主語が他人だと「～でしょう」という推量の表現になります（127 ページ）。

例 그 사람도 같이 갈 거예요.
その　人も　一緒に　行くでしょう

乗る＝타다　当選する＝당첨되다　お金ができる＝돈이 생기다　旅行する＝여행하다

57 -(으)니까 기다려 주세요

ウ ニッカ キダリョ ジュセヨ

～から／のでお待ちください

チャリガ オプスニッカ キダリョ ジュセヨ

자리가 없으니까 기다려 주세요.

席がないのでお待ちください。

1. はっきりと理由を説明して待ってもらう型(パターン)

기다려 주세요は「お待ちください」という意味です。(으) 니까と一緒に使うことで、待たなければならない理由をきちんと説明して待たせることができます。名詞につくときは (이) 니까 (〈イ〉ニッカ) となります。

例 금방(クムバン) 나오니까(ナオニッカ) 조금만(チョグムマン) 기다려 주세요(キダリョ ジュセヨ).

すぐに 出てきますから 少しだけ お待ちください

2. 命令や禁止、勧誘の理由は -(으)니까(ウニッカ)

(으) 세요 (〈ウ〉セヨ)「～してください」(パターン 43) のように命令や禁止、勧誘をするとき、その理由を述べるには、(으) 니까を使います。パターン 74 で説明する아 / 어서 (ア / オソ) は使えません。

例 맛있으니까(マシッスニッカ) 많이(マニ) 드세요(トゥセヨ).

おいしいですから たくさん お召し上がりください

例 재미있으니까(チェミイッスニッカ) 다시(タシ) 한번(ハンボン) 보세요(ボセヨ).

おもしろいから もう 一度 見てください

ない＝없다　出てくる＝나오다　おいしい＝맛있다

58 제 생각에는 -ㄹ/을 것 같아요

私の考えでは～と思います

제 생각에는 두 사람이 결혼할 것 같아요.
私の考えでは2人は結婚すると思います。

1. 予想したことをやんわりと伝える型

제 생각에는は、「私の考えでは」と話を切り出すときによく使われます。ㄹ/을 것 같아요「～すると思います」を一緒に使って、「個人的には～となると思う」と控えめに自分の予想を言う表現になります。

例 **제 생각에는 안 될 것 같아요.**
私の｜考えでは｜だめだと思います

例 **제 생각에는 내일이 좋을 것 같아요.**
私の｜考えでは｜明日が｜いいと思います

2. -것 같아요でやんわりと「～と思います」

것 같아요はもともと「～らしいです／～みたいです」と、あることを推測しながら述べる表現でしたが、最近では「～と思います」という意味で頻繁に使われます。これは、自分の考え方を「～だと思います」と断定的に伝えず、「～は～みたいに思います」とやわらかく述べるからのようです。

例 **그 아이는 똑똑한 아이가 될 것 같아요.**
その｜子は｜優秀な｜子どもに｜なると思います

だめだ＝안 되다　よい＝좋다　なる＝되다

WORD

136. 食事したあとにお飲みください。

식사 ＿＿＿ 드세요.

137. のどが痛いとき、うがいしてください。

목이 ＿＿＿ 가글하세요.

138. 掃除するとき、窓を開けてください。

＿＿＿ 창문을 여세요.

139. 運動しながら何をなさいますか?

운동 ＿＿＿ 뭐 하세요?

140. (その人が) がんばるなら合格するでしょう。

열심히 하 ＿＿＿ 합격 ＿＿＿ ＿＿＿.

136. 53
식사하다＝食事する
드시다＝召し上がる、お飲みになる

137. 54
목＝のど
痛い＝아프다
가글하다＝うがいする

138. 54
掃除する＝청소하다
창문＝窓
열다＝開ける
(ㄹ語幹→114ページ)

139. 55
運動する＝운동하다

140. 56
열심히 하다＝がんばる
合格する＝합격하다

シク サ ハン フ エ ドゥ セ ヨ
136. 식사한 후에 드세요.

食事したあとに　お飲みください

「드세요 召し上がってください」は、「드시다（トゥシダ）召し上がる」に세요がついた形です（パターン43）。

モ ギ ア プル ッテ ガ グル ハ セ ヨ
137. 목이 아플 때 가글하세요.

のどが　痛いとき　うがいしてください

「うがい」を意味する가글は英語の「gargle＝うがい」をそのまま使った表現です。

チョン ソ ハル ッテ チャン ム ヌル ヨ セ ヨ
138. 청소할 때 창문을 여세요.

掃除するとき　窓を　開けてください

➡열다（ヨルダ）開ける→열→여＋세요→여세요
열다は（으）세요のときにはパッチムのㄹが脱落し으もつけません。ㄹパッチムのある用言はすべてこのような活用をします（ㄹ語幹）。

ウン ドン ハ ミョン ソ ムォ ハ セ ヨ
139. 운동하면서 뭐 하세요?

運動しながら　何　なさいますか

スポーツが好きな人に聞いてみましょう。

ヨル シ ミ ハ ミョン ハプ キョ カル コ エ ヨ
140. 열심히 하면 합격할 거예요.

がんばるなら　合格するでしょう

ㄹ/을 거예요は、主語が三人称なので、ここでは推量を表します。

EXERCISE

WORD

141. 出発する前に電話ください。

출발 ＿＿＿＿ 전화 주세요.

142. 運転するとき、気をつけてください。

운전 ＿＿＿＿ 조심하세요.

143. 知らないくせになぜ笑いますか?

＿＿＿＿ 왜 웃어요?

144. 面会中ですので、少々お待ちください。

면회 중이니까 잠시 ＿＿＿＿.

145. 危ないから走らないでください。

＿＿＿＿ 뛰지 마세요.

141. 53
出発する＝출발하다
전화＝電話

142. 54
운전하다＝運転する
조심하다＝気をつける、注意する

143. 55
知らない＝모르다
왜＝なぜ、どうして
웃다＝笑う

144. 57
면회 중＝面会中
잠시＝少々

145. 57
危ない、危険だ＝위험하다
뛰다＝走る

チュル バ ラ ギ ジョ ネ チョ ヌァ ジュ セ ヨ

141. 출발하기 전에 전화 주세요.

出発する前に　電話　ください

「기 전에 〜する前に」は活用グループ1の表現なので、直前の출발하다（チュルバラダ）は다をとるだけでOKです。

ウンジョナル ッテ チョ シ マ セ ヨ

142. 운전할 때 조심하세요.

運転するとき　気をつけてください

운전하다の語幹末 하 にはパッチムがないので ㄹ 때をつけます。

モ ル ミョン ソ ウェ ウ ソ ヨ

143. 모르면서 왜 웃어요?

知らないくせに　なぜ　笑いますか

(으) 면서には「〜するくせに」という意味もあるんでしたね。「웃어요 笑います」は「웃다（ウッタ）笑う」のヘヨ体です（活用グループ3）。

ミョ ヌェ ジュン イ ニ ッカ チャム シ キ ダ リョ ジュ セ ヨ

144. 면회 중이니까 잠시 기다려 주세요.

面会　中ですので　少々　お待ちください

니까で理由を表すとき、用言には(으)니까（〈ウ〉ニッカ）、名詞には(이)니까(〈イ〉ニッカ)をつけます。중は語末にパッチムがある名詞なので이니까を使います。

ウィ ホ マ ニ ッカ ットィ ジ マ セ ヨ

145. 위험하니까 뛰지 마세요.

危ないから　走らないでください

命令や禁止、勧誘文の理由を表す表現は(으)니까です。「지 마세요 〜しないでください」はパターン26の表現です。

EXERCISE

WORD

146. 寝る前に灯りをお消しください。

＿＿＿＿ 불을 끄세요.

146. 53
寝る＝자다
불＝灯り
끄다＝消す

147. 彼の声は厳しいながらも優しいです。

그의 목소리는 ＿＿＿＿ ＿＿＿＿ 다정해요.

147. 55
그의＝彼の
목소리＝声
厳しい＝엄격하다
～も＝도
다정하다＝優しい

148. 雪が降るなら道が滑りやすいでしょう。

눈이 오＿＿ 길이 미끄러울 ＿＿＿＿.

148. 56
눈＝雪
오다＝来る、降る
길＝道
미끄럽다＝滑りやすい、滑る（ㅂ変則→113ページ）

149. 私の考えでは2人は別れると思います。

제 생각에는 두 사람이 ＿＿＿＿.

149. 58
두 사람＝2人
別れる＝헤어지다

150. この服はちょっと大きいと思います。

이 옷은 좀 ＿＿＿＿.

150. 58
이＝この
옷＝服
좀＝ちょっと
大きい＝크다

活用グループ 2

チャ ギ ジョ ネ プ ルル ックセ ヨ

146. 자기 전에 불을 끄세요.

寝る前に　灯りを　お消しください

불（プル）は「火」「灯り」などの意味を持つ語です。불이야!（プリヤ）と言えば「火事だ！」の意味です。

ク エ モクソ リ ヌン オムキョッカ ミョン ソ ド タ ジョン ヘ ヨ

147. 그의 목소리는 엄격하면서도 다정해요.

彼の　声は　厳しいながらも　優しいです

形容詞につく（으）면서도は「～ながらも」という意味になります。性格や状態の相反する両面を備えていることを表します。

ヌ ニ オ ミョン キ リ ミックロ ウル コ エ ヨ

148. 눈이 오면 길이 미끄러울 거예요.

雪が　降るなら　道が　滑りやすいでしょう

➡미끄럽다（ミックロプタ）滑りやすい→미끄럽→미끄러＋울 거예요→미끄러울 거예요

미끄럽다のように活用グループ2ではパッチムのㅂが脱落して으が우に変わるものがあります。このような活用を「ㅂ変則」と言います。

チェ センガゲヌン トゥ サラミ ヘオジル コッ カタヨ

149. 제 생각에는 두 사람이 헤어질 것 같아요.

私の　考えでは　2　人は　別れると思います

제 생각에는は「제가 생각하기에는（チェガ センガカギエヌン）私が思うには」と言うこともできます。

イ オスン チョム クル コッ カタヨ

150. 이 옷은 좀 클 것 같아요.

この　服は　ちょっと　大きいと思います

見ただけで「大きそう」と思ったときのフレーズです。

COLUMN

パンマルと尊敬語、いつ使う？

韓国語には、日本語と同じようにパンマル（ためぐち）や尊敬語がありますが、日本語とは使い方がちょっと違います。パンマルは、年下の人や友達、また、親しい目上の人に対してのみ使われます。

たとえば、子どものうちは親にはパンマルを使います。

「아빠, 일어나（アッパ イロナ）パパ、起きてよ」

大人になるにつれ（高校生くらいから）、ほかの人と両親について話すときは、尊敬語を使うようになるようです。

「아버지는 6시에 일어나세요（アボジヌン ヨソッシエ イロナセヨ）
父は6時にお起きになります」

話をする相手に関係なく、自分よりも目上の人に対して尊敬語を使うのは、ビジネスの世界でも同じです。社外の人が話し相手でも、社長のことは「うちの社長様」という言い方をします。目上の人は敬うべしという、儒教思想の影響ですね。

活用グループ3

語末の다をとって、語幹末の母音によって아か어を選んでつけるグループです。

①語幹末の母音がㅏ, ㅑ, ㅗ のときは 아 をつけて型をつける

앉	다	+	아 + 型(パターン)

②語幹末の母音がㅏ, ㅑ, ㅗ 以外（ㅓ, ㅕ, ㅜ, ㅣ など）のときは 어 をつけて型をつける

읽	다	+	어 + 型(パターン)

③「하다(ハダ) する」は「해요(ヘヨ) します」、「했어요(ヘッソヨ) しました」に変わる

例 （現在形）

아/어/해요(ア/オ/ヘヨ) ~です、ます

① 앉다(アンタ)（座る）

➡ 앉＋아＋요 ➡ 앉아요(アンジャヨ)（座ります）

② 읽다(イクタ)（読む）

➡ 읽＋어＋요 ➡ 읽어요(イルゴヨ)（読みます）

③ 공부하다(コンブハダ)（勉強する）

➡ 공부＋하다 ➡ 공부＋해요 ➡ 공부해요(コンブヘヨ)（勉強します）

例 (過去形)

았/었/했어요（アッ/オッ/ヘッソヨ） ～ました (パターン66)

① 앉다（アンタ）(座る)

➡ 앉＋아＋ㅆ어요 ➡ 앉았어요（アンジャッソヨ） (座りました)

② 읽다（イㇰタ）(読む)

➡ 읽＋어＋ㅆ어요 ➡ 읽었어요（イㇽゴッソヨ） (読みました)

③ 공부하다（コンブハダ）(勉強する)

➡ 공부＋하다 ➡ 공부＋했어요 ➡ 공부했어요（コンブヘッソヨ） (勉強しました)

例外： 変則用言の場合

語幹末のパッチムの種類によって、例外的な作り方をします。

＊ㅂパッチムの場合 (ㅂ変則)(おもに形容詞)

語幹末が ㅂ パッチムで終わるほとんどの形容詞は、活用グループ3の型がつくときに ㅂ パッチムが落ちて、우 をつけ、つねに 어 をつけます。

例 **아 / 어요 (～です)**

춥다 (寒い) ➡ 춥 ＋ 어요

➡ 추 ＋ 우 ＋ 어요 ➡ 추워요 (寒いです)

※縮約も起きています (156ページ)

「돕다（トㇷ゚タ）手伝う」と「곱다（コㇷ゚タ）美しい」の２単語だけは、「도와요（トワヨ）手伝います」「고와요（コワヨ）美しいです」になります。

＊ㄷ パッチムの場合（ㄷ変則）

「듣다（トゥッタ）聞く」「묻다（ムッタ）たずねる」「걷다（コッタ）歩く」「싣다（シッタ）積む」など、一部の単語は活用グループ3の型がつくときにㄷ パッチムがㄹ に変わります。

例 아 / 어서（〜て）

걷다（歩く）➡ 걷 ➡ 걸 ＋ 어서 ➡ 걸어서（歩いて）

＊ㅅパッチムの場合（ㅅ変則）

語幹末がㅅパッチムで終わる単語の一部は、活用グループ3の型がつくときにㅅパッチム が落ちます。

例 아 / 어도 돼요？（〜てもいいですか？）

븟다（注ぐ）➡ 븟 ➡ 부 ＋ 어도 돼요？

➡ 부어도 돼요？（注いでもいいですか？）

＊ㅎパッチムの場合（ㅎ変則）

語幹末がㅎパッチムで終わる単語は、活用グループ3の型がつくときにㅎ が落ちて、ㅐ がつきます。

例 아 / 어요？（〜ですか？）

그렇다（そうだ）➡ 그렇 ➡ 그러 ＋ 애요？

➡ 그래요？（そうですか？）

※縮約も起きています（156ページ）

また、パッチムではなく、語幹末の母音や文字によって例外的な作り方をするものもあります。

＊語幹末の母音が으の場合（으変則または으語幹）

語幹末が으で終わる単語は、活用グループ3の型がつくときに으が落ち、1つ前の母音で아か어のどちらをつけるか決めます。1つ前に母音がないときは어を選びます。

例 아 / 어요（〜です）

예쁘다（かわいい）➡ 예쁘 ➡ 예ㅃ ＋ 어요

➡ 예뻐요（かわいいです）

例 아 / 어요（〜です）

크다（大きい）➡ 크 ➡ ㅋ ＋ 어요

➡ 커요（大きいです）

＊語幹末の母音が르の場合（르変則）

語幹末が르で終わる単語のほとんどは、活用グループ3で르がㄹパッチムとㄹに分かれ、르の直前の母音で아か어のどちらかを選んでつけます。

例 아 / 어요（です、ます）

빠르다（早い）➡ 빠ㄹ ＋ㄹ＋ 아요 ➡ 빨 ＋ 라요

➡ 빨라요（早いです）

부르다（呼ぶ）➡ 부ㄹ ＋ㄹ＋ 어요 ➡ 불＋ 러요

➡ 불러요（呼びます）

縮約

語幹が母音で終わるとき（語幹末にパッチムがないとき)、語幹の母音と 아 もしくは 어 の間で「縮約」が起こります。活用グループ3でよく出てくるので、わからなくなったらここに戻って確認しましょう。

例 아 / 어요（です、ます）

가다（行く）➡ 가 ＋ 아요 ➡ 가아요 ➡ 가요（行きます）

このように、ㅏの母音が重なっているとき、これを縮めて次のようにします。これを縮約と言います。

가아요 ⟶ 가요

縮約のパターンは次のとおりです。

語幹の最後の母音	例	아/어形	縮約形	요体
ㅏの場合	가다（行く）	가＋아	가	가요
ㅓの場合	서다（立つ）	서＋어	서	서요
ㅕの場合	켜다（電気などつける）	켜＋어	켜	켜요
ㅐの場合	내다（出す）	내＋어	내	내요
ㅔの場合	세다（数える）	세＋어	세	세요
ㅗの場合	보다（見る）	보＋아	봐	봐요
ㅜの場合	주다（あげる、くれる）	주＋어	줘	줘요
ㅚの場合	되다（なる）	되＋어	돼	돼요
ㅣの場合	마시다（飲む）	마시＋어	마셔	마셔요
※ 하다	하다（する）	하＋여	해	해요

注　쉬다（休む）のように語幹末の母音がㅟの場合は縮約しません。

○ 쉬어요（休みます）　　× 수ㅔ요　× 수ㅕ요

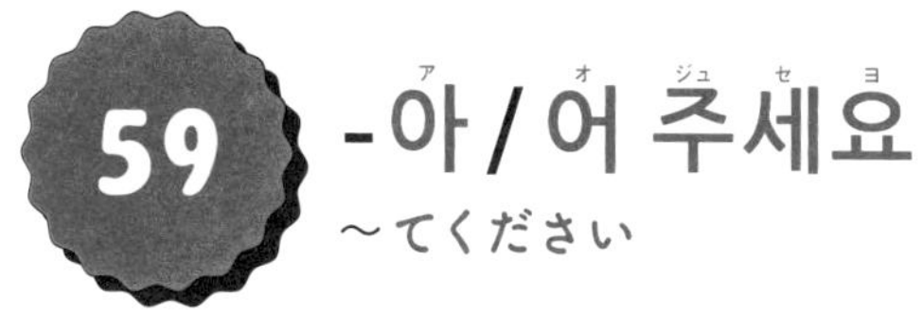

59 -아/어 주세요（アオジュセヨ）
～てください

저기서 세워 주세요.（チョギソ セウォジュセヨ）
そこでとめてください。

1. ていねいに依頼を表す型（パターン）

아/어 주세요は、自分のために相手に何かしてもらうよう依頼をする表現です。前にくる用言の語幹末の母音がㅏ, ㅑ, ㅗなら아 주세요、それ以外の母音なら어 주세요をつけます。

例 같이 가 주세요.（カチ カジュセヨ）
一緒に　行ってください

2. -(으)세요（ウセヨ）と-아/어 주세요（アオジュセヨ）の使い分け

(으) 세요（パターン44）と아/어 주세요はどちらも日本語では「～てください」ですが、(으)세요は相手のためになることを勧めるときに使います。一方、아/어 주세요は自分のために依頼する表現で「私のために～してください」という意味です。

シーン 相手に道を教えるとき

똑바로 가세요.（ットゥパロ カセヨ）
まっすぐ　お行きください

シーン タクシーで行き先を告げるとき

동대문까지 가 주세요.（トンデムンッカジ カジュセヨ）
東大門まで　行ってください

とめる＝세우다（例文では縮約が起きています。세우＋어 주세요→세워 주세요）　行く＝가다

活用グループ 3

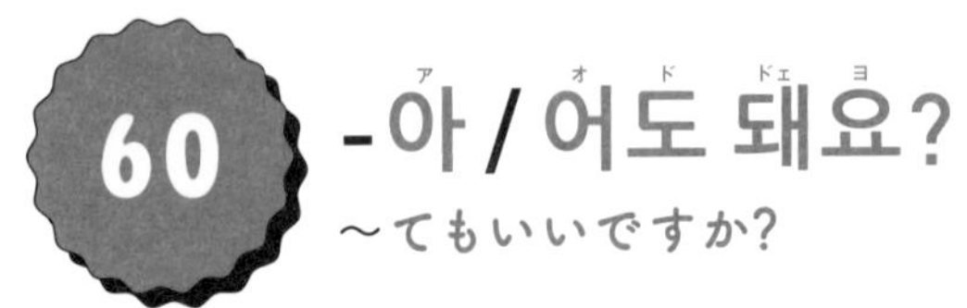

60 -아/어도 돼요?

～てもいいですか?

사진 찍어도 돼요?

写真、撮ってもいいですか?

1. 許可を求める型

「～しても」を意味する아/어도に「돼요？大丈夫ですか？、いいですか？」がついて、許可を求める表現になります。平叙文では「～てもいいです」という許可を与える表現になります。

例 **들어가도 돼요?**
入ってもいいですか

例 **여기 있어도 돼요?**
ここに　いてもいいですか

2. 答え方は「-아/어도 돼요 ～てもいいです」「안 돼요 だめです」

聞かれたときは、いいときは아/어 돼요、だめなときは안 돼요（パターン15）という表現を使って答えます。

例 **네, 있어도 돼요.**
はい　いてもいいです

例 **아뇨, 안 돼요.**
いいえ　だめです

撮る＝찍다　入る＝들어가다　いる＝있다

혼자(서) -아/어요?

一人で～ますか?

혼자(서) 고기를 먹어요?
一人で焼き肉を食べますか?

※혼자서の서はしばしば省略されます。

1. 連れがいるかどうかをたずねる型

列に並んで待っているときなど、連れがいるかどうか聞かれる場面で使われます。答え方の表現も一緒に覚えましょう。

例 혼자(一人で) 와요?(来ますか)

—네(はい), 혼자(一人で) 가요(行きます).　—일행이(連れが) 있어요(います).

2. 人数の言い方

人数の言い方には①固有数詞、②固有数詞＋사람（サラム）／명（ミョン）、③漢数詞＋인（イン）があります（数字の言い方→ 205 ページ）。

①	1人	혼자(ホンジャ)	2人	둘(トゥル)
	3人	셋(セッ)	4人	넷(ネッ)
	5人	다섯(タソッ)	6人	여섯(ヨソッ)
②	1人	한 사람(ハン サラム)	2人	두 사람(トゥ サラム)
	1名	한 명(ハン ミョン)	2名	두 명(トゥ ミョン)
③	1人前	일 인분(イ リンブン)	2人前	이 인분(イ インブン)

活用グループ 3

食べる＝먹다　来る＝오다

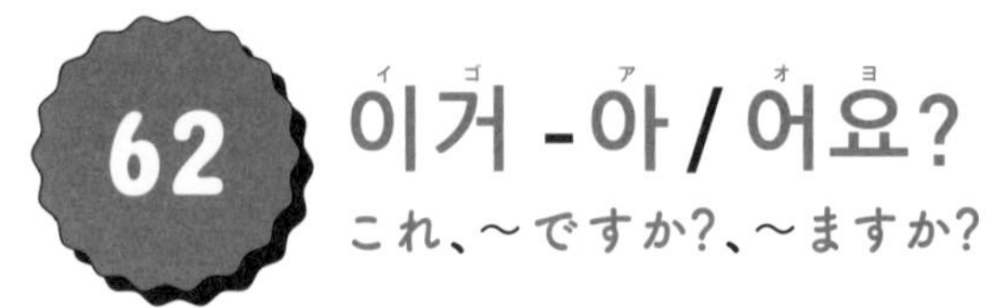

62 이거 -아/어요?（イゴ -ア/オヨ?）

これ、～ですか?、～ますか?

이거 달아요?（イゴ タラヨ?）

これ、甘いですか?

1. 指さして質問する型（パターン）

「이거 これ」は自分のすぐそばにあるものを指すときに使う言葉です。写真などを見せて「これ、高いですか?」「これ、おいしいですか?」などと聞くときにも使えます。

例 이거 많이 매워요?（イゴ マニ メウォヨ?）

이거＝これ　많이＝とても　매워요＝辛いですか

例 이거 팔아요?（イゴ パラヨ?）

이거＝これ　팔아요＝売ってますか

2. 韓国語の「こそあど」

日本語の「こそあど」にあたる表現（指示代名詞→ 204 ページ）が韓国語にもあります。日本語とは使い方が少し違います。

①見えていないものはすべて「그（ク）その」「그거（クゴ）それ」

日本語で「あのころはよかった」

→そのころ「그때（クッテ）」

②相手のそばにないものは「저（チョ）あの」「저거（チョゴ）あれ」

日本語で「そこで車を止めてください」

→あそこ「저기（チョギ）」

甘い＝달다　辛い＝맵다　売る＝팔다

63 뭐가 -아/어요?

何が〜ですか?

1. 複数の中から選ぶ型

뭐가は「무엇(ムオッ)何」を縮約した形に助詞の가がついて「何が」という意味になります。「どれが」という意味でも使えます。複数の選択肢の中から選びたいときに、この表現を使ってみましょう。

例 뭐가 제일 어려워요?
何が いちばん 難しいですか

例 뭐가 좋아요?
どれが いいですか

2. 疑問詞は、会話では縮約される

意思伝達をできるだけ早くしたい会話では、「いつ」「どこで」「何を」などの疑問詞もなるべく短く表現します。そのため、助詞が省略されたり、縮約形が使われるのが普通です(疑問詞→204ページ)。

例 뭘로 하시겠어요?
何に なさいますか(注文をとるとき)
||
무엇으로の縮約形は뭐로ですが、会話では뭘로とも言います

おいしい=맛있다　難しい=어렵다　いい=좋다　なさる=하시다

1. 週末の予定を話せる型(パターン)

「주말에 週末に」を使うと、週末の予定をたずねることができます。このほか「오후에(オフエ)午後に」「밤에(パメ)夜に」など、「時間＋에＋뭐 해요?」で、相手の予定を聞くことができます。

例 주말에(チュマレ) 영화(ヨンファ) 봐요(ポァヨ)?
週末に 映画 見ますか

例 다음(タウム) 주에(チュエ) 뭐(ムォ) 해요(ヘヨ)?
来週に 何 しますか

2. 時間の言い方は「時間＋에(エ)」が基本

時間を表す単語にはそのあとに에をつけるのが普通です。しかし「내일（ネイル）明日」「오늘（オヌル）今日」「어제（オジェ）昨日」に에は不要です。

例 내일(ネイル) 뭐(ムォ) 해요(ヘヨ)?　[×내일에]
明日 何 しますか

する＝하다　見る＝보다

EXERCISE

WORD

151. ここ、ちょっと片づけてください。

여기 좀 치워 ______ .

151. 59
여기：ここ
좀：ちょっと
치우다：片づける

152. 明日してもいいですか?

내일 해도 ______ ?

152. 60
내일＝明日
하다＝する

153. 家事を一人で全部しますか?

집안일을 ______ 다 해요?

153. 61
집안일＝家事
다＝全部

154. これ、どうやって食べますか?

이거 어떻게 ______ ?

154. 62
어떻게＝どうやって
食べる＝먹다

155. どれがいちばん気に入っていますか?

______ 제일 마음에 들어요?

155. 63
제일＝いちばん
마음에 들다＝気に入る

ヨ ギ ジョム チ ウォ ジュ セ ヨ

151. 여기 좀 치워 주세요.

ここ ちょっと 片づけてください

➡치우다（チウダ）片づける→치우＋어 주세요→치워 주세요（縮約）
좀を入れると「すみませんが」という意味が加わり、よりていねいなニュアンスを伝えることができます。

ネ イル ヘ ド ドェ ヨ

152. 내일 해도 돼요?

明日 してもいいですか

하다は活用グループ3の型がつくとき해となります。答えが「ノー」なら、「안 돼요（アン ドェヨ）だめです」と言うだけでOKです。

チ バン ニ ルル ホン ジャ ソ ダ ヘ ヨ

153. 집안일을 혼자서 다 해요?

家事を 一人で 全部 しますか

혼자서の代わりに「자기가（チャギガ）自分で」を使うこともできます。

イ ゴ オ ット ケ モ ゴ ヨ

154. 이거 어떻게 먹어요?

これ どうやって 食べますか

먹다の代わりに「만들다（マンドゥルダ）作る」「사용하다（サヨンハダ）使用する」などを入れることもできます。

ムォ ガ チェ イル マ ウ メ ドゥ ロ ヨ

155. 뭐가 제일 마음에 들어요?

どれが いちばん 気に入りますか

마음에 들어요は直訳すると「気に入ります」ですが、「気に入っています」や「気に入りました」という意味になります。

156. 一人だけの時間をほしいです。

＿＿＿ 의 시간을 갖고 싶어요.

157. ここに座ってもいいですか?

여기에 앉아도 ＿＿＿ ?

158. 日曜日の朝に本を読みます。

일요일 아침 ＿＿ 책을 ＿＿＿ .

159. これ、辛いですか?

이거 ＿＿＿ ?

160. 何がそんなに悲しいですか?

＿＿ 그렇게 슬퍼요?

WORD

156. 61
だけ＝만
의＝の
시간＝時間
갖고 싶다＝持ちたい、ほしい

157. 60
座る＝앉다

158. 64
일요일＝日曜日
아침＝朝
책＝本
読む＝읽다

159. 62
辛い＝맵다（ㅂ変則→153ページ）

160. 63
그렇게＝そんなに
슬프다＝悲しい（으変則→155ページ）

活用グループ 3

ホンジャマネ　シガヌル　カッコ　シポヨ

156. 혼자만의 시간을 갖고 싶어요.

一人だけの　時間を　ほしいです

갖고 싶어요は直訳すると「持ちたいです」ですが、「～がほしいです」という意味でよく使われます。

ヨギエ　アンジャド　ドェヨ

157. 여기에 앉아도 돼요?

ここに　座っても　いいですか

肯定するときは「앉아도 돼요 座ってもいいです」のほかに「네, 앉으세요（ネ アンジュセヨ）はい、お座りください」も使えます。

イリョイル　アチメ　チェグル　イルゴヨ

158. 일요일 아침에 책을 읽어요.

日曜日　朝に　本を　読みます

「일요일 아침 日曜日の朝」「내일 밤（ネイル パム）明日の夜」などでは、「の」にあたる助詞の 의（エ）は不要です。

イゴ　メウォヨ

159. 이거 매워요?

これ　辛いですか

➡맵다（メプタ）辛い→맵＋어요→매우＋어요→매워요（縮約）
맵다は活用グループ3では、語幹末のパッチムㅂが脱落し、우にかわります。このような活用を「ㅂ変則」と言います。

ムォガ　クロケ　スルポヨ

160. 뭐가 그렇게 슬퍼요?

何が　そんなに　悲しいですか

➡슬프다（スルプダ）悲しい→슬프＋어요→슬ㅍ＋어요→슬퍼요
슬프다は活用グループ3では母音の「ー」が脱落し、1つ前の母音で 아요（アヨ）か 어요（オヨ）のどちらをつけるか決めます（으変則）。

161. 一つ聞いてみてもいいですか?

하나 물어봐 ＿＿＿＿ ?

162. これ、国産で合っていますか?

＿＿＿＿ 국산 ＿＿＿＿ ?

163. 週末に昼寝をします。

＿＿＿＿ 낮잠을 ＿＿＿＿ .

164. この料理を一人で全部食べますか?

이 음식을 ＿＿＿＿ 다
＿＿＿＿ ?

165. 傘、ちょっと貸してください。

우산 좀 빌려 ＿＿＿＿ .

WORD

161. 60
하나＝一つ
물어보다＝聞く、聞いてみる

162. 62
국산＝国産
正しい、合う＝맞다

163. 64
昼寝をする＝낮잠을 자다

164. 61
음식＝料理、食べ物
食べる＝먹다

165. 59
우산＝傘
貸す＝빌리다

活用グループ 3

ハ ナ ム ロ ボァ ド ドェ ヨ

161. **하나 물어봐도 돼요?**

一つ　聞いてみてもいいですか

➡물어보다（ムロポダ）聞く→물어보＋아도→물어봐도（縮約）
「はい、聞いてください」と答えるときは 네, 물어보세요（ネ ムロボセヨ）と言います。

イ ゴ クク サン マ ジャ ヨ

162. **이거 국산 맞아요?**

これ　国産　で合っていますか

「もちろんです」という返事には「맞아요 合っています」または「그럼요（クロムニョ）もちろんです」などがあります。

チュ マ レ ナッ チャム ムル チャ ヨ

163. **주말에 낮잠을 자요.**

週末に　昼寝を　します

「낮잠 昼寝」と「자다（チャダ）寝る」で「昼寝をする」になります。낮잠을 하다（ナッチャムル ハダ）ではないので注意しましょう。

イ ウム シ グル ホン ジャ ソ タ モ ゴ ヨ

164. **이 음식을 혼자서 다 먹어요?**

この　料理を　一人で　全部　食べますか

혼자서 다は「一人で全部」という意味で、相手の行動に驚いたニュアンスを加えるときに使えます。

ウ サン ジョム ピル リョ ジュ セ ヨ

165. **우산 좀 빌려 주세요.**

傘　ちょっと　貸してください

➡빌리다（ピルリダ）貸す→빌리＋어 주세요→빌려 주세요（縮約）

65 다음에 -아/어요

タウメ　アオヨ

今度〜ましょう

タ ウ メ　カ チ　シㇰ サ ヘ ヨ

다음에 같이 식사해요.

今度一緒に食事しましょう。

1. 相手を気軽にさそう型（パターン）

아/어요は平叙文や疑問文だけでなく、勧誘の意味にもなります。「다음에 같이 今度一緒に」とともに用いると、よりはっきりと勧誘の意味が伝わります。語尾に요がついているので、少し目上の初対面の人にも使えるていねいな表現です。

例 タウメ ヨンファ ボロ ガヨ

다음에 영화 보러 가요.

今度／映画／見に／行きましょう

2. 先延ばしする表現は2種類

あまり時間を置かず「すぐあとで」と言うときには이따가（イッタガ）、「いつになるかわからないけど、またあとで」と言うときには나중에（ナジュンエ）を使います。나중에と다음에は、いつになるかわからない度合いが近い表現です。

例 イッタガ ジョヌァハルケヨ

이따가 전화할게요.

すぐあとで／電話しますね

例 ナジュンエ ヨルラカルケヨ

나중에 연락할게요.

またあとで／連絡しますね

食事する＝식사하다　電話する＝전화하다　連絡する＝연락하다

活用グループ 3

66 -았/었어요
～ました

집에서 드라마를 봤어요.
家でドラマを見ました。

1. 過去のできごとを話す型

았/었어요は動詞や形容詞の語幹について、「～ました」「～でした」という過去の意味を表します。語幹末の母音によって았/었を選びます。「하다（ハダ）する」は「했어요（ヘッソヨ）しました」になります。

例 한국어 공부했어요.
韓国語　勉強しました

例 어제 막걸리를 마셨어요.
昨日　マッコリを　飲みました

2.「名詞＋でした」は이었/였어요

「名詞＋でした」と言いたいときは、이었어요か였어요を使います。名詞末にパッチムがあるときは이었어요、パッチムがないときは였어요をつけます。

例 초등학교 때 반장이었어요.　パッチムあり
小学校　のとき　クラスの代表でした

例 저 사람은 제 남자 친구였어요.　パッチムなし
あの　人は　私の　彼氏でした

67 벌써 -았/었어요?

ポルッソ アッ オッソヨ

もう〜ましたか?

ポルッソ ックンナッソヨ

벌써 끝났어요?

もう終わりましたか?

1. 終わったかどうか確認する型（パターン）

「벌써」は「もう、すでに」、これに過去形がついて「もう〜しました」という意味になります。疑問文では、終わったかどうかを確認する表現になります。

例 ポルッソ イェヤケッソヨ

벌써 예약했어요?

もう 予約しましたか

例 ポルッソ メジンドェッソヨ

벌써 매진됐어요?

もう 売り切れましたか

2. 벌써（ポルッソ）で聞かれたら、答えも過去形を使う

「벌써 끝났어요？もう終わりましたか？」と聞かれたとき、YES なら「끝났어요（ックンナッソヨ）終わりました」と過去形で答えます（パターン 66）。

シーン 赤ちゃんを寝かしつけるとき

ポルッソ チャム ドゥロッソヨ

벌써 잠 들었어요?

もう 眠りましたか

ネ チャム ドゥロッソヨ

네, 잠 들었어요.

はい 眠りました

終わる＝끝나다　**予約する**＝예약하다　**売り切れる**＝매진되다　**眠る**＝잠 들다

活用グループ 3

68 아직 안 -았/었어요

まだ～ていません

아직 안 끝났어요.

まだ終わっていません。

1. まだ「そうなっていないこと」を伝える型

日本語だと「まだ～ません」と現在形で言いますが、韓国語では「まだ～ませんでした」と過去形で表現します。「아직 まだ」を省略して使うこともできます。

例 신문을 아직 안 읽었어요.
新聞を まだ 読んでいません

例 저녁은 안 먹었어요.
夕食は 食べていません

2. 안をはさむ場合もある

안で否定を表しますが、「漢字由来の語や外来語＋하다（ハダ）」という形の動詞の場合は、안を真ん中にはさんで「漢字語・外来語＋안＋하다」となります。

例 아직 결혼 안 했어요.
まだ 結婚 していません

読む＝읽다　結婚する＝결혼하다

69 이거 어디서 -았/었어요?

(イゴ オディソ アッ/オッソヨ)

これ、どこで〜ましたか?

이거 어디서 샀어요?

(イゴ オディソ サッソヨ)

これ、どこで買いましたか?

1. 場所をたずねる型(パターン)

어디에서「どこで」は場所をたずねる表現で、会話のときは 어디서 とよく縮約されます。

例 이거 어디서 봤어요?(イゴ オディソ ボァッソヨ)

これ どこで 見ましたか

例 이거 어디서 받았어요?(イゴ オディソ パダッソヨ)

これ どこで もらいましたか

2. ほめるときの表現も覚えよう

すてきな持ち物を持っている人に「どこで買いましたか?」と聞いて、さらにほめたいときには以下のように言ってみましょう。

例 너무 예쁘네요.(ノム イェップネヨ)

とても きれいですね

例 참 멋있어요.(チャム モシッソヨ)

本当に すてきです

買う=사다　もらう=받다　きれいだ=예쁘다　すてきだ=멋있다

어쩌다가 -았/었어요?

どうして～ましたか?

어쩌다가 다쳤어요?

どうしてけがしましたか?

1. あるできごとの原因やそうなった過程を優しくたずねる型

어쩌다가は、「どのようにして＝どうして」という意味で、原因やそうなった過程をたずねる表現です。「왜（ウェ）なぜ、どうして」とは違って、相手を思いやって優しくたずねるニュアンスが含まれています。

例 어쩌다가 그렇게 됐어요?

どうして　そんなことになりましたか

例 어쩌다가 같이 일하게 됐어요?

どうして　一緒に　働くことになりましたか

2. 어쩌다가で「たまたま、偶然に」の意味も

어쩌다가 は疑問文でない文で使うと「そうこうするうちに」「ひょんなことから」という意味になります。어쩌다가の가は省略され「어쩌다」のみで使われる場合もあります。

例 어쩌다 같이 일하게 됐어요.

たまたま　一緒に　働くことになりました

けがする＝다치다　なる＝되다　働く＝일하다

WORD

166. 今度また会いましょう。

[　　　　] 또 만나요.

166. 65
또＝また
만나다＝会う

167. 週末に大阪に出張、行ってきました。

주말에 오사카에 출장 [　　　　].

167. 66
주말＝週末
오사카＝大阪
출장＝出張
行ってくる＝갔다 오다

168. もう部屋の掃除、すべてしました。

[　　　　] 방 청소 다 했어요.

168. 67
방 청소＝部屋の掃除

169. 朝食は食べていません。

조식은 [　　　　].

169. 68
조식＝朝食
食べる＝먹다

170. どうして転びましたか?

[　　　　] 넘어졌어요?

170. 70
넘어지다＝転ぶ

タウメ　ットマンナヨ
166. 다음에 또 만나요.

今度　また　会いましょう

「じゃ、また今度ね」というあいさつとして頻繁に使われるフレーズです。

チュマレ　オサカエ　チュルチャン　カッタ　ワッソヨ
167. 주말에 오사카에 출장 갔다 왔어요.

週末に　大阪に　出張　行ってきました

➡오다（オダ）来る → 오＋았어요 → 왔어요（縮約）
「行ってくる」は「가다（カダ）行く」と「오다」からなっています。

ポルッソ　バン　チョンソ　タ　ヘッソヨ
168. 벌써 방 청소 다 했어요.

もう　部屋　掃除　すべて　しました

「하다（ハダ）する」の過去形は「했어요 しました」でしたね。다 했어요で「すべてしました」、つまり「終わりました」という意味になります。

チョシグン　アン　モゴッソヨ
169. 조식은 안 먹었어요.

朝食は　食べていません

まだ食べ始めてもいない、食べていない状態を表しています。

オッチョダガ　ノモジョッソヨ
170. 어쩌다가 넘어졌어요?

どうして　転びましたか

➡넘어지다（ノモジダ）転ぶ → 넘어지＋었어요 → 넘어졌어요（縮約）
「왜（ウェ）」と違って相手を思いやる気持ちが含まれるので、ここでは어쩌다가を入れます。ケガをして痛そうな人に優しく言ってみましょう。

WORD

171. またあとでちょっと食事しましょう。

[　　　] 한번 식사 해요.

172. 私も昔はスリムでした。

저도 왕년에는 [　　　] [　　　].

173. 料理はまだ注文していません。

음식은 [　　　] 시켰어요.

174. この映像、どこでダウンロードしましたか?

이 영상 어디서 다운 [　　　]?

175. どうしてなくしてしまいましたか?

[　　　] 잃어버렸어요?

171. 65
한번＝ちょっと。訳さなくてもOK

172. 66
왕년＝昔、往年
에는＝〜は（強調）
スリムだ＝날씬하다

173. 68
음식＝料理
시키다＝注文する、頼む

174. 69
영상＝映像
어디서＝どこで
ダウンロードする＝다운받다

175. 70
잃어버리다＝なくしてしまう

ナ ジュン エ　ハン ボン　シㇰ サ　ヘ ヨ

171. 나중에 한번 식사 해요.

またあとで　ちょっと　食事　しましょう

このフレーズは、別れ際の定番のあいさつです。本気にして「いつ? どこで?」など聞かないほうがいいですね。

チョ ド　ワン ニョ ネ ヌン　ナㇽ ッシ ネッ ソ ヨ

172. 저도 왕년에는 날씬했어요.

私も　昔は　スリムでした

날씬하다(ナㇽッシナダ)は하다で終わるので、過去形にするときは하다を했어요にします。

ウㇺ シ グン　ア ジㇰ　アン　シ キョッ ソ ヨ

173. 음식은 아직 안 시켰어요.

料理は　まだ　注文していません

➡시키다(シキダ)注文する → 시키+었어요 → 시켰어요(縮約)
韓国語では「まだ〜していない」という表現は過去形で表すんでしたね。

イ　ヨン サン　オ ディ ソ　タ ウン バ ダッ ソ ヨ

174. 이 영상 어디서 다운받았어요?

この　映像　どこで　ダウンロードもらいましたか

다운は다운로드(タウンロドゥ)の縮約形です。

オ ッチョ ダ ガ　イ ロ ボ リョッ ソ ヨ

175. 어쩌다가 잃어버렸어요?

どうして　なくしてしまいましたか

버리다(ポリダ)のつく動詞は「〜してしまう」という意味があります。

176. 彼女は学生時代に「クィンカ（いちばんかわいい女の子）」でした。

그녀는 학창 시절에 ‘퀸카’ ＿＿＿＿ .

---

177. そのことはもう忘れてしまいました。

그 일은 ＿＿＿＿ 잊어버렸어요 .

---

178. まだ結婚していません。

＿＿＿＿ 결혼 ＿＿＿＿ .

---

179. 偶然に出くわしました。

＿＿＿＿ 마주쳤어요 .

---

180. この写真、どこで撮りましたか?

이 사진, ＿＿＿＿ 찍었어요?

WORD

176. 66
그녀＝彼女
학창 시절＝学生時代
퀸카＝いちばんかわいい女の子

177. 67
일＝こと、仕事
잊어버리다＝忘れてしまう

178. 68
결혼하다＝結婚する

179. 70
마주치다＝出くわす

180. 69
사진＝写真
찍다＝撮る

クニョヌン　ハクチャン　シジョレ　クィンカ　ヨッソヨ

176. 그녀는 학창 시절에 '퀸카' 였어요.

彼女は　学生時代に　「クィンカ」でした

前にくるのが語末にパッチムのない名詞なので、였어요をつけます。「퀸카 Queen Card」とは、グループの中で「いちばんかわいい女の子、いちばんキレイな女の子」を指す言葉です。

クイルン　ポルッソ　イジョボリョッソヨ

177. 그 일은 벌써 잊어버렸어요.

その　ことは　もう　忘れてしまいました

➡잊어버리다（イジョボリダ）忘れてしまう→잊어버리＋었어요→잊어버렸어요（縮約）

アジク　キョロン　ア　ネッソヨ

178. 아직 결혼 안 했어요.

まだ　結婚していません

결혼하다（キョロナダ）のように名詞＋하다（ハダ）でできている動詞を否定するときは、名詞と하다 の間に안を置くのでしたね。

オッチョダ　マジュチョッソヨ

179. 어쩌다 마주쳤어요.

偶然に　出くわしました

어쩌다には「たまたま、偶然に」の意味もあるんでしたね。90年代を風靡（ふうび）した「어쩌다 마주친 그대（オッチョダ マジュチン グデ）偶然に出会った君」というヒット曲があります。어쩌다を어쩌다가にしてもOKです。

イ　サジン　オディソ　ッチゴッソヨ

180. 이 사진, 어디서 찍었어요?

この　写真　どこで　撮りましたか

写真を見ながらよく使われるフレーズです。어디서は어디에서とも言えますが、会話では어디서とよく縮約されます。

아무것도 -았/었어요

何も～ませんでした

아무것도 없었어요.

何もありませんでした。

1. 「全く～ではなかった」ことを伝える型

아무것도は、「아무 どんな」「것도 ことも、ものも」の意味で、全くそうではなかったと全面的に否定する表現です。用言の前に「안」をつけるなどうしろには否定的な語句が続きます。「안」ではなく「못（モッ）」を使うと、自分の意思とは関係のない否定になります。

例 아무것도 안 먹었어요.
何も 食べませんでした

例 아무것도 못 받았어요.
何も もらえませんでした

2. 아무-도＋없다で「どんな～もない」

「아무 どんな」に「도 も」がつくと「どんな～も」という表現になり、うしろに否定的な語句がついて、全面的に否定する表現になります。

아무도	아무것도	아무 일도	아무 데도	＋	없다	안
だれも	何にも	何事も	どこにも		ない	しない

など

ない＝없다　知らない＝모르다（르変則）

オンジェッカジ　ア　オヤ　ドェヨ

언제까지 -아/어야 돼요?

いつまでに〜なければなりませんか？

オンジェッカジ　ックンネヤ　ドェヨ

언제까지 끝내야 돼요?

いつまでに**終え**なければなりませんか？

1. 義務の期限を問う型（パターン）

언제까지は「いつまで」「いつまでに」と期限を表す語です。これに아/어야 돼요？という義務を表す語がついて、いつまでにしなければならないかを問う表現になります。돼요は 해요（ヘヨ）と置き換えても同じ意味を表します。

例　オンジェッカジ　カヤ　ドェヨ
언제까지 가야 돼요?
いつまでに　行かなければなりませんか

例　オンジェッカジ　キダリョヤ　ヘヨ
언제까지 기다려야 해요?
いつまで　待たなければなりませんか

2.「언제（オンジェ） いつ」を使った表現

オンジェブト 언제부터	オンジェナ 언제나	オンジェンガ 언젠가	オンジェ ハンボン 언제 한번
いつから	いつでも	いつの日か	いつか一度

언젠가は「いつか、いつの日か」という意味で、実現性があまり高くない場合が多く、もう少し実現性があるときには「언제 한번 いつか一度」を使うほうがいいでしょう。

終える＝끝내다　待つ＝기다리다

한번 -아/어 보세요
ちょっと〜てみてください

ハンボン イルゴ ボセヨ
한번 읽어 보세요.
ちょっと読んでみてください。

1. やってみることを勧める型(パターン)

아/어 보세요は、「〜してみてください」と、ていねいに敬語表現を使って相手に勧める表現です。「한번」と分かち書きせずに書くときは、「ちょっと」「気軽に」という意味になり、やってみることを勧めるときに使われます。

例 한번(ハンボン) 입어(イボ) 보세요(ボセヨ).
ちょっと　着てみてください

例 한번(ハンボン) 신어(シノ) 보세요(ボセヨ).
ちょっと　履いてみてください

2. 回数を表す 번(ボン)

1回、2回と回数を表すときには「번 回、度」を使います。こちらは「한 번 1回」「두 번(トゥ ボン) 2回」と分かち書きをします。「〜回(度)も」と言うときは「〜번이나(ポニナ)」を使います。

例 이(イ) 영화는(ヨンファヌン) 세(セ) 번이나(ボニナ) 봤어요(ボァッソヨ).
この　映画は　3回も　見ました

着る＝입다　履く＝신다

活用グループ 3

너무 더워서요.

あまりに暑いからです。

1. 理由を端的に話す会話でよく使われる型

아/어서は、「なので」と原因や理由を言う表現で、これにていねいな話し方を示す요をつけるだけで「～なのでそうなのです」という文になります。下の例のように（　）の部分を省略して端的に言えるこの言い方が会話では好んで使われます。

例 왜 고기를 많이 사요?
なぜ 肉を たくさん 買うんですか

—손님이 와서 (고기를 많이 사)요.
お客様が 来るから （肉を たくさん 買う）です

2. 理由を表す-아/어서と-(으)니까の違い

아/어서と(으)니까（143ページ）はどちらも理由を表しますが、命令や勧誘をしたいときは(으)니까を使います。

비가 오니까 [×와서] 일찍 나가세요.
雨が 降っているから 早く 出かけてください

暑い＝덥다　出かける＝나가다

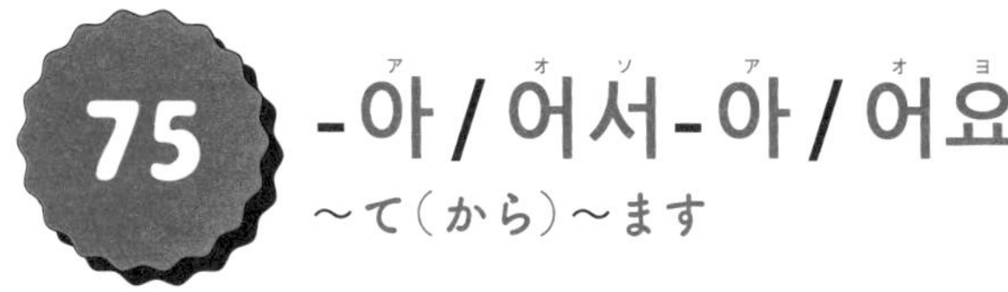

친구를 만나서 차를 마셔요.
友達に会って(から)お茶を飲みます。

1. 前後の動作に関連があることを表す型

아/어서を使うと、前後の動作に関連があることが表せます。つまり、前後の動作はいれかえが不可能で、前の動作が前提となってあとの動作が行われたことを示します。

例 사진을 찍어서 올려요.
写真を 撮って (その写真を)アップします

例 카페에 가서 공부해요.
カフェに 行って (そこで)勉強します

2. -아 / 어서に過去形は使えない

아/어서に過去形は使えません。文全体が過去のできごとである場合は、文末だけを過去形にします。

例 영상을 찍어서 [×찍었어서] 올렸어요.
動画を 撮って アップしました

例 카페에 가서 [×갔어서] 공부했어요.
カフェに 行って 勉強しました

会う＝만나다　飲む＝마시다　アップする＝올리다　勉強する＝공부하다

メ　イル　ヨンサン　ボ　ゴ　ジャ　ヨ
매일 영상 보고 자요.
毎日、動画見てから寝ます。

1. 前の動作を終えてから次の動作をすることを表す型（パターン）

고は、「～して（から）」の意味で、前につく用言は活用グループ1の作り方をします。고の前の動作が完全に終わってから、次の動作に入ることを表します。

例 삼계탕을（サムゲタンウル／参鶏湯を） 먹고（モッコ／食べてから） 쇼핑해요.（ショピンヘヨ／買い物します）

2. 「-고（コ）」と「-아/어서（ア／オソ）」の違い

고も아/어서も「～て（から）」という意味ですが、아/어서は前の動作がそのあとの動作に影響するときに使います。

「手を洗ってから食べます」という文で比べてみましょう。ご覧の通り、「아/어서」を使うと怖い文になってしまうこともあります。

例 손을（ソヌル／手を） 씻고（ッシッコ／洗って（終えてから）） 먹어요.（モゴヨ／食べます）

例 손을（ソヌル／手を） 씻어서（ッシソソ／洗って（その手を）） 먹어요.（モゴヨ／食べます）

寝る＝자다　買い物する＝쇼핑하다　洗う＝씻다

WORD

181. 洋服はソウルに行って買います。

옷은 서울에 ＿＿ 사요.

182. いつまでに提出しなければなりませんか?

＿＿ 제출해야 돼요?

183. ちょっと触ってみてください。

한번 만져 ＿＿.

184. コーヒーをまた飲みますか?

――眠いからです。

커피를 또 마셔요?

— 졸려 ＿＿.

185. パンを食べてから出勤します。

빵을 먹 ＿＿ 출근해요.

181. 75
옷＝服
서울＝ソウル
行く＝가다
사다＝買う

182. 72
제출하다＝提出する

183. 73
만지다＝触る

184. 74
커피＝コーヒー
또＝また
마시다＝飲む
졸리다＝眠い

185. 76
빵＝パン
먹다＝食べる
출근하다＝出勤する

オ スン　ソ ウ レ　ガ ソ　サ ヨ

181. 옷은 서울에 가서 사요.

服は　ソウルに　行って　買います

「ソウルに行って（そこで）買う」という意味なので、고ではなく아서を使います。

オン ジェ ッカ ジ　ジェ チュ レ　ヤ　ドェ ヨ

182. 언제까지 제출해야 돼요?

いつまでに　提出しなければなりませんか

「土曜日までに提出しなければなりません」と言いたいときは「언제」を「토요일（トヨイㇽ）土曜日」にいれかえます。

ハン ボン　マン ジョ　ボ セ ヨ

183. 한번 만져 보세요.

ちょっと　触って　みてください

お店の店員が商品を試してほしいお客さんによく用いるフレーズです。

コ ピ ルㇽ　ット　マ ショ ヨ　チョㇽ リョ ソ ヨ

184. 커피를 또 마셔요?—졸려서요.

コーヒーを　また　飲みますか　眠いからです

➡졸리다（チョㇽリダ）眠い→졸리＋어서요→졸려서요（縮約）
아/어서요は端的に理由だけ述べるときに使えるパターンでしたね。

ッパン ウㇽ　モッ コ　チュㇽ グ ネ ヨ

185. 빵을 먹고 출근해요.

パンを　食べてから　出勤します

「コーヒーを飲んでから」と言いたいときは、「커피를 마시고（コピㇽ マシゴ）」となります。

EXERCISE 

186. だれも見ていませんでした。

[　　　] 못 봤어요.

187. いつの日かここを去らなければなりませんか?

[　　　] 여기를 떠나야 돼요?

188. ちょっと召し上がってみてください。

[　　　] 드셔 [　　　].

189. 彼氏と別れたからです。

남친하고 [　　　].

190. ビビンバはよく混ぜてから食べます。

비빔밥은 잘 [　　　] 먹어요.

WORD

186. 71
見ていない＝못 보다

187. 72
여기＝ここ
떠나다＝去る

188. 73
드시다＝召し上がる

189. 74
남친＝남자 친구（男性友達）の略語、彼氏
別れる＝헤어지다

190. 75
비빔밥＝ビビンバ
잘＝よく
混ぜる＝비비다

アムド　モッ　ポァッソヨ
186. 아무도 못 봤어요.
だれも　見ていませんでした

パターン71の「아무것도（アムゴット）何も」を아무도に変えた言い方です。「まだ見ていない」ので過去形を使います。否定の못（モッ）は自分の意思とは関係ない否定をするときに使います。

オンジェンガ　ヨギルル　ットナヤ　ドェヨ
187. 언젠가 여기를 떠나야 돼요?
いつの日か　ここを　去らなければなりませんか

ここの언젠가（オンジェンガ）は「いつか、未来のある時点で」という意味。

ハンボン　トゥショ　ボセヨ
188. 한번 드셔 보세요.
ちょっと　召し上がって　みてください

デパートの地下食品売り場でよく耳にするフレーズですね。

ナムチナゴ　ヘオジョソヨ
189. 남친하고 헤어져서요.
彼氏と　別れたからです

➡헤어지다（ヘオジダ）別れる→헤어지＋어서요→헤어져서요（縮約）

ピビムパブン　チャル　ピビョソ　モゴヨ
190. 비빔밥은 잘 비벼서 먹어요.
ビビンバは　よく　混ぜてから　食べます

➡비비다（ピビダ）混ぜる→비비＋어서→비벼서（縮約）
ビビンバを混ぜて、そのビビンバを食べるので고ではなく어서を使います。

WORD

191. いつから出勤しなければなりませんか?

언제부터 출근 ＿＿＿ ＿＿＿ ?

191. 72
언제부터＝いつから
출근하다＝出勤する

192. ちょっと読んでみてください。

한번 ＿＿＿ .

192. 73
読む＝읽다

193. 私は何もしませんでした。

저는 ＿＿＿ 안 했어요.

193. 71
안 하다＝しない

194. 友達に会って、おしゃべりをしました。

친구를 ＿＿＿ 수다를 떨었어요.

194. 75
会う＝만나다
수다를 떨다＝おしゃべりする

195. メールをチェックしてから仕事を始めます。

메일을 ＿＿＿ 일을 시작해요.

195. 76
메일＝メール
チェックする＝체크하다
일＝仕事
시작하다＝始める

活用グループ 3

オンジェブト チュルグネヤ ドェヨ

191. 언제부터 출근해야 돼요?

いつから 出勤しなければなりませんか

언제부터は「언제 いつ」を使った表現のひとつです。バイト先などの面接で使えるフレーズですね。

ハンボン イルゴ ボセヨ

192. 한번 읽어 보세요.

ちょっと 読んでみてください

「한번」は「한 번」と分かち書きをすると、1回という回数の意味が出てきます。使い分けに気をつけましょう。

チョヌン アムゴット アネッソヨ

193. 저는 아무것도 안 했어요.

私は 何も しませんでした

「これは私がやったのではない」と否定するときや、謙遜して「私は何もしてません」と言うときなどに使えます。

チングルル マンナソ スダルル ットロッソヨ

194. 친구를 만나서 수다를 떨었어요.

友達に 会って おしゃべりをしました

友達と会って、その友達とおしゃべりをしたので、고ではなく어서を使います。「수다（スダ）無駄口」と「떨다（ットルダ）払う、震わす」で「おしゃべりをする」の意味になります。아 / 어서に過去形は使えないので、文末だけ過去形にします。

メイルル チェクハゴ イルル シジャケヨ

195. 메일을 체크하고 일을 시작해요.

メールを チェックしてから 仕事を 始めます

체크하다（チェクハダ）は英語のcheck+하다です。ほかにも「드라이브하다（トゥライブハダ）ドライブする」「데이트하다（テイトゥハダ）デートする」などがあります。

-아/어서 너무 좋아요

～てとてもうれしいです／好きです／いいです

시험이 끝나서 너무 좋아요.
試験が終わってとてもうれしいです。

1. 気分がいい理由を言う型

좋아요は「うれしい」「好きだ」「いい」などの気持ちを表します。아/어서は「～くて、～なので」という理由を表す表現なので、このパターンを使って自分の気持ちがいい理由を話すことができます。

例 선물을 받아서 너무 좋아요.
プレゼントを もらって とても うれしいです

例 공기가 맑아서 너무 좋아요.
空気が きれいで とても いいです

2. 歓迎の「うれしい」は반가워요

「会えてうれしいです」「来てくれてうれしいです」など、歓迎の意味がこもった「うれしい」と言うときには、반가워요を使います。

例 만나서 너무 반가워요.
会えて とても うれしいです

活用グループ 3

きれいだ、澄む＝맑다　うれしい＝반갑다

-아/어서 미안해요（アオソ ミアネヨ）

～てすみません

늦어서 미안해요.（ヌジョソ ミアネヨ）
遅れてすみません。

1. 謝るときに使う型（パターン）

미안해요は、「すみません」と、自分がしたことについて謝る表現です。申し訳ない気持ちを理由と一緒に伝えるときに使います。

例 못 가서 미안해요.（モッカソ ミアネヨ）
行けなくて　すみません

例 기다리게 해서 미안해요.（キダリゲ ヘソ ミアネヨ）
お待たせして　すみません

2.「미안해요（ミアネヨ）」と「죄송합니다（チェソンハムニダ）」の使い分け

미안해요は「すみません」にあたる表現ですが、目上の人に使うときには、もう少し改まった「죄송합니다 申し訳ありません」という表現を使うのがいいでしょう。「잘못했습니다（チャルモテッスムニダ）私が間違っていました」という言い方をすると、こちらはさらに自分の非を認めて謝罪する感じがあります。

말씀 중에 죄송합니다.（マルッスム チュンエ チェソンハムニダ）
お話し　中に　申し訳ありません

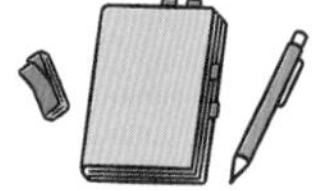

79 -지만 -아/어요

(チマン アオヨ)

～けれど～です

ハングゴヌン オリョプチマン チェミイッソヨ
한국어는 어렵지만 재미있어요.
韓国語は難しいけれどおもしろいです。

1. 前とうしろで反対のことを言う型（パターン）

지만は「この店はきれいだけど高い」とか「ここはまずいけど安い」などと、いい評価と悪い評価を２つ並べ、つなげて話すときに使う型です。지만の前にくる用言は活用グループ１の活用をします。

例 **눈이 오지만 따뜻해요.**（ヌニ オジマン ッタットゥテヨ）
雪が　降っているけれど　暖かいです

例 **멋있지만 성격은 별로예요.**（モシッチマン ソンキョグン ピョルロエヨ）
かっこいいけれど　性格は　イマイチです

2.「～したいけれど」は-고 싶지만

(コ シプチマン)

「고 싶다（コ シプタ）～たい」に지만がついて고 싶지만です。「～たいけれど」という意味になります。

例 **이 영화 보고 싶지만 시간이 없어요.**（イ ヨンファ ポゴ シプチマン シガニ オプソヨ）
この　映画　見たいけれど　時間が　ありません

暖かい＝따뜻하다　かっこいい＝멋있다

80 -았/었어(?)

（アッ／オッソ）

～た(?)、だった(?)

밥 먹었어?（パム モゴッソ）

ごはん、食べた?

1. 友達同士で過去の出来事を話す型（パターン）

았/었어は過去形で、起こったできごとや感想などを言うときに使います。文の最後に요がついていないので、同年代の友達や親しい年下の人に話す文体になります。文末に「?」をつければ疑問文になります。

例 한국어 공부 시작했어.（ハングゴ ゴンブ シジャケッソ）

韓国語　勉強　始めた

例 지난주에 한국에 갔다 왔어.（チナンジュエ ハングゲ カッタ ワッソ）

先週に　韓国に　行ってきた

2. 男女の言葉にあまり違いのない韓国語

日本語では男女で語尾が違うことがありますが、韓国語では男女で語尾を使い分けることは、あまりありません。

例 잘했어.（チャレッソ）

よくやった／よくやったわ／よくやったよ

例 내가 이거 먹었어.（ネガ イゴ モゴッソ）

私(僕)が　これ　食べたの／食べた

始める＝시작하다

94

WORD

196. ハンサムでとても好きです。

잘생겨서 ＿＿＿＿ .

196. 77
잘생기다＝ハンサムだ

197. 夜遅く電話して申し訳ありません。

밤 늦게 ＿＿＿＿
죄송합니다.

197. 78
밤＝夜
늦게＝遅く
電話する＝전화하다

198. この服はきれいだけれど着心地が悪いです。

이 옷은 ＿＿＿＿
불편해요.

198. 79
きれいだ＝예쁘다
불편하다＝着心地が悪い

199. デザインが素敵でとてもうれしいです。

디자인이 ＿＿＿＿
너무 좋아요.

199. 77
디자인＝デザイン
素敵だ＝멋있다

200. もう起きたの?

벌써 ＿＿＿＿ ?

200. 80
起きる＝일어나다

チャルセン ギョ ソ　ノ ム　ジョ ア ヨ
196. 잘생겨서 너무 좋아요.

ハンサムで　とても　好きです

좋아요は「いいです」のほかに「好きです」「うれしいです」などの意味がありましたね。

パム　ヌッ ケ　ジョ ヌァ ヘ ソ　チェ ソン ハム ニ ダ
197. 밤 늦게 전화해서 죄송합니다.

夜　遅く　電話して　申し訳ありません

➡전화하다（チョヌァハダ）電話する→하다を해서に変える
죄송합니다は미안해요（ミアネヨ）よりかしこまった言い方です。「朝早く」と言うときは「아침 일찍（アチ ミルッチク）」と言います。

イ　オ スン　イェ ッ プ ジ マン　プル ピョ ネ ヨ
198. 이 옷은 예쁘지만 불편해요.

この　服は　きれいだけれど　着心地が悪いです

지만の前は活用グループ１の作り方をします。불편하다（プルピョナダ）は「不便だ、落ち着かない、心地悪い」などの意味があります。逆に「心地いい」は「편하다（ピョナダ）」と言います。

ティ ジャ イ ニ　モ シッ ソ ソ　ノ ム　ジョ ア ヨ
199. 디자인이 멋있어서 너무 좋아요.

デザインが　素敵で　とても　うれしいです

멋있다（モシッタ）の語幹末の母音はㅣなので、어서（オソ）をつけます。

ポル ッソ　イ ロ ナッ ソ
200. 벌써 일어났어?

もう　起きたの

➡일어나다（イロナダ）起きる→일어나＋았어→일어났어（縮約）
ためぐちを使う相手にこのフレーズでモーニングコールをしてみてはいかがですか？ 返事をするときは「응, 일어났어（ウン イロナッソ）うん、起きた」。

WORD

201. 天気が暖かくてとてもいいです。

날씨가 ＿＿＿＿ 너무 좋아요.

201. 77
날씨＝天気
暖かい＝따뜻하다

202. 約束を守れなくてすみません。

약속을 ＿＿＿＿ 미안해요.

202. 78
약속＝約束
守れない＝못 지키다

203. ゲームが少し複雑ですが、とてもおもしろいです。

게임이 좀 ＿＿＿＿ 아주 ＿＿＿＿.

203. 79
게임＝ゲーム
複雑だ＝복잡하다
아주＝とても
おもしろい＝재미있다

204. どうしよう！ 寝坊した。

어떡해！ ＿＿＿＿.

204. 80
寝坊（を）する＝늦잠（을）자다

205. 部屋がきれいでとてもうれしいです。

방이 깨끗해서 ＿＿＿＿ ＿＿＿＿.

205. 77
방＝部屋
깨끗하다＝きれいだ

活用グループ 3

ナルッ シ ガ　ッタ ットゥ テ ソ　ノ ム　ジョ ア ヨ

201. 날씨가 따뜻해서 너무 좋아요.

天気が　暖かくて　とても　いいです

韓国では「天気が暖かい、寒い」という表現を使います。따뜻하다（ッタットゥタダ）の하다（ハダ）が해서（ヘソ）になっています。

ヤク ソ グル　モッ　チ キョ ソ　ミ ア ネ ヨ

202. 약속을 못 지켜서 미안해요.

約束を　守れなくて　すみません

➡지키다（チキダ）守る→지키＋어서→지켜서（縮約）
못は自分の意思とは関係なくできないときの否定の語でしたね。못 지켜서は、事情があって守れないという意味です。

ケ イ ミ　チョム　ポク チャ パ ジ マン　ア ジュ　ジェ ミ イッ ソ ヨ

203. 게임이 좀 복잡하지만 아주 재미있어요.

ゲームが　少し　複雑ですが　とても　おもしろいです

복잡하다（ポクチャパダ）は、道が混雑しているときにも使います。

オ ット ケ　ヌッ チャム チャッ ソ

204. 어떡해! 늦잠 잤어.

どうしよう　寝坊した

➡자다（チャダ）寝る→자＋았어→잤어（縮約）
「어떡해 どうしよう」は「어떻게 どうやって」という疑問詞に「해（へ）しよう」がついた文が縮まった形です。

パン イ　ッケ ック テ ソ　ノ ム　チョ ア ヨ

205. 방이 깨끗해서 너무 좋아요.

部屋が　きれいで　とても　うれしいです

깨끗하다（ケックタダ）は「きれいだ、清潔だ、クリーンだ」という意味です。人や洋服などが「きれいだ」というときは「예쁘다（イェップダ）」を使います。

EXERCISE

WORD

206. 気づかなくてすみません。

　　　　 미안해요 .

207. その飲食店は値段が安いけれどおいしくないです。

그 음식점은 값이 　　　
　　　　 맛이 없어요 .

208. 昨日のライブ放送、とてもよかった。

어제 라방 너무 　　　
　　　 .

209. 寝坊して朝食を食べられなかった。

늦잠 자서 아침을 　　　
　　　 .

210. お会いできてとてもうれしいです。

　　　　 너무 　　　　 .

206. 78
(顔を見ても) 気づかない＝몰라보다

207. 79
음식점＝飲食店、食堂
값＝値段
(値段が)安い＝싸다
맛이 없다＝おいしくない

208. 80
어제＝昨日
라방＝ライブ放送
いい＝좋다

209. 80
늦잠 자다＝寝坊する
아침＝朝食
食べられない＝못 먹다

210. 77
会う＝만나다
うれしい＝반갑다
(ㅂ変則→153ページ)

モル ラ ボァ ソ　ミ アネ ヨ
206. 몰라봐서 미안해요.

気づかなくて　すみません

➡몰라보다（モルラボダ）気づかない→몰라보＋아서→몰라봐서（縮約）
「顔がわからない、顔を見間違える、顔を忘れる」という意味です。

ク ウムシクチョムン カプシ ッサジマン マシ オプソヨ
207. 그 음식점은 값이 싸지만 맛이 없어요.

その　飲食店は　値段が　安いけれど　おいしくないです

「맛이 없다（マシ オプタ）味がない」、つまり「おいしくない」という意味です。

オジェ ラバン ノム チョアッソ
208. 어제 라방 너무 좋았어.

昨日　ライブ放送　とても　よかった

라방はインスタグラムやYouTubeなどを使ってオンラインで生放送をする「라이브 방송（ライブ バンソン）ライブ放送」の頭文字をとった略語です。

ヌッチャム チャソ アチムル モン モゴッソ
209. 늦잠 자서 아침을 못 먹었어.

寝坊して　朝食を　食べられなかった

「아침 朝」は「朝食」という意味でも使います。

マンナソ ノム パンガウォヨ
210. 만나서 너무 반가워요.

お会いできて　とても　うれしいです

➡반갑다（パンガプタ）うれしい→반가＋우＋어요→반가워요（ㅂ変則）
반갑다（パンガプタ）は初対面の人との対面、久しぶりの再会やお便りをもらったときのうれしさを表す表現です。趣味や趣向が同じことがわかったときも使います。

知っておきたい単語帳

①助詞

直前の単語末のパッチムの有無で使い分ける

	パッチムなし	パッチムあり		パッチムなし	パッチムあり
～が ～は	가（カ）	이（イ）	～は	는（ヌン）	은（ウン）
～を	를（ルル）	을（ウル）	（手段）で	로（ロ） （パッチムなしかㄹパッチム）	으로（ウ ロ）
～や、とか	나（ナ）	이나（イ ナ）	～と	와/랑（ワ ラン）	과/이랑（クァ イラン）

直前の単語末のパッチムの有無に関係なし

（人）に	에게（エ ゲ）	（場所）に	에（エ）	（場所）で	에서（エ ソ）
～も	도（ト）	～しか	밖에（パッ ケ）	～だけ	만（マン）
（時間）から	부터（プ ト）	（場所）から	에서（エ ソ）	～まで	까지（ッカジ）
～の	의（エ）	（人）から	에게서（エ ゲ ソ）	～より	보다（ポ ダ）

②人称代名詞

私	나（ナ）	私 （ていねい）	저（チョ）	君	너（ノ）
私たち	우리（ウ リ）	私ども	저희（チョ イ）	君たち	너희（ノ イ）
彼	그（ク）	彼女	그녀（ク ニョ）	彼（女）ら	그(녀)들（ク（ニョ）ドゥル）

※너は、親しい間柄にしか使いません。

※「私が」と言うときは、내가、제가のように、나→내、저→제と変化します。

③指示代名詞「こそあど」

これ	イゴッ 이것	こっち	イッチョク 이쪽	ここ	ヨギ 여기
それ	クゴッ 그것	そっち	クッチョク 그쪽	そこ	コギ 거기
あれ	チョゴッ 저것	あっち	チョッチョク 저쪽	あそこ	チョギ 저기
どれ	オヌゴッ 어느 것	どっち	オヌッチョク 어느쪽	どこ	オディ 어디

※目の前にないものは「그その」を使います。

例　그 사람은 잘 있어요?（ク サラムン チャㇽ イッソヨ）

（思い出しながら）あの人は元気ですか?

※ちょっと離れた場所やものでも相手のそばにないものは「저あの」を使います。

例　저기서 세워 주세요.（チョギソ セウォ ジュセヨ）

そこで停めてください。（運転手からも離れているので저기 あそこを使う）

④疑問詞

何	ムオッ　ムォ 무엇 / 뭐	だれ	ヌグ 누구	どこ	オディ 어디
どの	オヌ 어느	いつ	オンジェ 언제	なぜ	ウェ 왜
いくら	オㇽマ 얼마	いくつ	ミョッ 몇	どうやって	オットケ 어떻게

※疑問詞は、助詞と結びつくとき縮約されます。

何が：무엇（ムオッ）＋이（イ）→뭐가（ムォガ）

何を：무엇（ムオッ）＋을（ウㇽ）→뭘（ムォㇽ）

何で：무엇（ムオッ）＋으로（ウロ）→뭘로（ムォㇽロ）

何の：무슨（ムスン）

⑤ 漢数詞

日本語と同じく韓国語の数字の言い方は２種類あります。

「いち」「に」にあたる漢数詞は、年月日や時刻の分や秒、金額や階数などに使います。

0	1	2	3	4
コン ヨン 공 / 영	イル 일	イ 이	サム 삼	サ 사
5	6	7	8	9
オ 오	ユク 육	チル 칠	パル 팔	ク 구
10	11	12	23	34
シプ 십	シ ビル 십일	シ ビ 십이	イシプサム 이십삼	サムシプサ 삼십사

百	千	万	十万	百万
ペク 백	チョン 천	マン 만	シム マン 십 만	ペン マン 백 만
千万	億	十億	百億	千億
チョン マン 천 만	オク 억	シ ボク 십 억	ペ ゴク 백 억	チョ ノク 천 억

年	ニョン 년	月	ウォル 월	日	イル 일
分	プン 분	秒	チョ 초	階	チュン 층
ウォン	ウォン 원	円	エン 엔	番	ポン 번

例　2024年➡이천이십사년（イーチョニーシプサーニョン）

例　3万5千ウォン➡삼만 오 천 원（サムマヌオチョヌォン）

例　01－2345－6789➡공일 이삼사오 육칠팔구

（コンイル　イーサムサーオ　ユクチルパルグ）

＊「2（イー）」と「4（サー）」は伸ばします。

⑥固有数詞とおもな助数詞

「ひとつ」「ふたつ」にあたる固有数詞は、時間を言うときや年齢、個数、人数などを数えるときに使います。うしろに助数詞がくるときは（　）のほうを使います。

0	1	2	3	4
—	ハナ ハン 하나 (한)	トゥル トゥ 둘 (두)	セッ セ 셋 (세)	ネッ ネ 넷 (네)
5	6	7	8	9
タ ソッ 다섯	ヨ ソッ 여섯	イルゴプ 일곱	ヨドル 여덟	アホプ 아홉
10	20	30	40	50
ヨル 열	スムル スム 스물 (스무)	ソ ルン 서른	マ フン 마흔	シュイン 쉰
60	70	80	90	100
イェスン 예순	イ ルン 일흔	ヨドゥン 여든	アフン 아흔	—

※0と百以上を数えるときの表現は漢数詞を使います。

例　25➡스물다섯（スムルダソッ）

例　84➡여든넷（ヨドゥンネッ）

時	シ 시	時間	シ ガン 시간	歳	サル 살
名（人数）	ミョン 명	人（人数）	サ ラム 사람	個	ケ 개
杯	チャン 잔	本（びん）	ピョン 병	冊	クォン 권

例　1名➡한 명（ハン ミョン）

例　10個➡열 개（ヨル ケ）

例　22歳➡스물두 살（スムルドゥ サル）

⑦月日の言い方

月の言い方は漢数詞を使い、「～월（ウォル）」で表します。

1月	イルォル 일월	2月	イウォル 이월	3月	サムォル 삼월
4月	サウォル 사월	5月	オウォル 오월	6月	ユウォル 유월
7月	チルォル 칠월	8月	パルォル 팔월	9月	クウォル 구월
10月	シウォル 시월	11月	シビルォル 십일월	12月	シビウォル 십이월

日にちの言い方も漢数詞を使い、「～일（イル）」で表します。

1日	イリル 일 일	2日	イイル 이 일	3日	サミル 삼 일
4日	サイル 사 일	5日	オイル 오 일	6日	ユギル 육 일
7日	チリル 칠 일	8日	パリル 팔 일	9日	クイル 구 일
10日	シビル 십 일	11日	シビリル 십일 일	何日	ミョチル 며칠

⑧曜日の言い方

日曜日	イリョイル 일요일	月曜日	ウォリョイル 월요일	火曜日	ファヨイル 화요일
水曜日	スヨイル 수요일	木曜日	モギョイル 목요일	金曜日	クミョイル 금요일
土曜日	トヨイル 토요일	何曜日	ムスンニョイル 무슨 요일	一週間	イルチュイル 일주일

著者
阪堂千津子　はんどう ちづこ

立教大学卒業、ソガン〔西江〕大学大学院修了(文学修士)。東京外国語大学、武蔵大学、国際基督教大学非常勤講師。市民講座ではコリ文語学堂、ひろば語学院、桜美林学園エクステンションセンター講師。NHKラジオ「まいにちハングル講座」「レベルアップハングル講座」、Eテレ「テレビでハングル講座」で講師を務める。
著書に、『読む！聞く！書く！話す！ゼロから1人で韓国語』(あさ出版)、『一度見たら忘れない！ 韓国語の語源図鑑』(かんき出版)、共著に、『チャレンジ！韓国語』シリーズ(白水社)、『新韓国語学習Q&A333』(HANA)などがある。

キム・スノク(金順玉)

梨花女子大学卒業後、ドイツ・マールブルク大学神学部を経て来日。コリ文語学堂代表。武蔵大学、フェリス女学院大学、清泉女子大学講師。NHKラジオ「まいにちハングル講座」「レベルアップ ハングル講座」、Eテレ「テレビでハングル講座」で講師を務める。
著書に、『実践に使える！ 韓国語〔文法〕トレーニング』(高橋書店)、『超初級から話せる 韓国語声出しレッスン』『ゼロからはじめる韓国語書き込みレッスン』(アルク)、『30短文で韓国語スピーキングレッスン』(HANA)、共著に、『チャレンジ！韓国語』シリーズ (白水社)、『読む、書く、聞く、話す 4つの力がぐんぐん伸びる！ 韓国語 初級ドリル』『同 中級ドリル』(HANA)などがある。
コリ文語学堂　https://ac.koribun.com/
X(旧Twitter)：@koricori2(学習専用ツール)

活用別で身につく
80パターンで韓国語が止まらない！

著　者　阪堂千津子　キム・スノク
発行者　高橋秀雄
発行所　**株式会社 高橋書店**
〒170-6014 東京都豊島区東池袋3-1-1 サンシャイン60 14階
電話　03-5957-7103

ISBN978-4-471-11346-9

本書の内容についてのご質問は「書名、質問事項(ページ、内容)、お客様のご連絡先」を明記のうえ、郵送、FAX、ホームページお問い合わせフォームから小社へお送りください。
回答にはお時間をいただく場合がございます。また、電話によるお問い合わせ、本書の内容を超えたご質問にはお答えできませんので、ご了承ください。
本書に関する正誤等の情報は、小社ホームページもご参照ください。

【内容についての問い合わせ先】
書　面　〒170-6014 東京都豊島区東池袋3-1-1 サンシャイン60 14階
高橋書店編集部
F A X　03-5957-7079
メール　小社ホームページお問い合わせフォームから　(https://www.takahashishoten.co.jp/)

【不良品についての問い合わせ先】
ページの順序間違い・抜けなど物理的欠陥がございましたら、電話03-5957-7076へお問い合わせください。ただし、古書店等で購入・入手された商品の交換には一切応じられません。